EDIÇÕES BESTBOLSO

Reunião de poemas

Gregório de Matos e Guerra nasceu em 1636, em Salvador, Bahia, onde começou a estudar humanidades no Colégio dos Jesuítas por volta de 1642. Em 1650 transferiu residência para Portugal, onde se formou em Direito pela Universidade de Coimbra em 1661, mesmo ano em que se casou com Micaela de Andrade, em Lisboa. A partir de 1663, sucederam-se nomeações para Juiz de Fora de Alcácer do Sal, representante da Bahia nas Cortes em 1668, Juiz do Cível em 1671, Procurador da Cidade de Salvador em 1672, e novamente Representante da Bahia nas Cortes em 1674. Viúvo em 1678, no ano seguinte foi nomeado Desembargador da Relação Eclesiástica da Bahia, em 1681, Clérigo Tonsurado e em 1682 retornou ao Brasil. Nomeado Desembargador da Relação Eclesiástica e Tesoureiro-mor da Sé pelo arcebispo D. Gaspar Barata, foi em seguida destituído por seu sucessor e passou a levar vida boêmia e itinerante. Por essa época, casou-se com Maria dos Povos. Tanto no Brasil quanto em Portugal, sua veia satírica, que lhe valeu a alcunha de Boca do Inferno, atiçou a ira dos membros do clero e demais exploradores da colônia, o que em 1694 resultou no seu exílio em Angola, África. Ao retornar ao Brasil em 1695, fixou-se em Recife, Pernambuco, onde faleceu ao final desse mesmo ano.

GREGÓRIO *de* MATOS

reunião de poemas
seleção e prefácio de André Seffrin

1ª edição

CIP-BRASIL. CATALOGAÇÃO NA PUBLICAÇÃO
SINDICATO NACIONAL DOS EDITORES DE LIVROS, RJ

M832r
Matos, Gregório de 1636-1695.
Reunião de poemas / Gregório de Matos; seleção e prefácio André Seffrin. – 1ª ed. – Rio de Janeiro: BestBolso, 2014.
12 × 18cm.

Inclui bibliografia
ISBN 978-85-7799-365-9

1. Poesia brasileira. I. Seffrin, André, 1965- II. Título.

13-04384

CDD: 869.91
CDU: 821.134.3(81)-1

Reunião de poemas, de autoria de Gregório de Matos.
Título número 355 das Edições BestBolso.
Primeira edição impressa em janeiro de 2014.
Texto revisado conforme o Acordo Ortográfico da Língua Portuguesa.
Copyright da seleção e do prefácio © André do Carmo Seffrin, 2011.

www.edicoesbestbolso.com.br

Capa: Luciana Gobbo.

Todos os direitos reservados. Proibida a reprodução, no todo ou em parte, sem autorização prévia por escrito da editora, sejam quais forem os meios empregados.

Direitos exclusivos de publicação em língua portuguesa para o Brasil em formato bolso adquiridos pelas Edições BestBolso um selo da Editora Best Seller Ltda. Rua Argentina 171 – 20921-380 – Rio de Janeiro, RJ – Tel.: 2585-2000.

Impresso no Brasil

ISBN 978-85-7799-365-9

Prefácio do organizador

Assim como o conceito de barroco em literatura, em termos de história literária, a poesia de Gregório de Matos só passou a ser considerada no século XIX, ou seja, a partir dos alvores do nosso romantismo. Inicialmente de maneira muito esparsa, como no *Parnaso brasileiro* de Januário da Cunha Barbosa, publicado de 1829 a 1832, no *Parnaso brasileiro* de João Manuel Pereira da Silva, em 1843, com mais ênfase no *Florilégio da poesia brasileira* de Francisco Adolfo de Varnhagen, em 1850, e principalmente na antologia organizada por Valle Cabral, em 1882. Toda reunião do que se presume ser o conjunto de sua obra é mais ou menos recente, e sua fortuna crítica de fato só se intensificou a partir das primeiras décadas do século XX. Fortuna que não escapou, e até hoje não escapa, aos erros e acertos que a condicionaram desde o início, sobretudo no que diz respeito ao perfil biográfico moldado pelas exigências do nacionalismo idealizante do romantismo e que pouco avançou nas últimas décadas. Porque as idealizações crítico-biográficas persistem, ora animadas pela ausência de comprovação documental, ora por interesses de pequenos grupos com inesperado poder de mistificação.

Obra não coligida em vida pelo autor, volante em seu tempo, extraviada em códices manuscritos, nenhum autógrafo e em maior parte do século XVIII, permanece à espera de edições que lhe contornem melhor as margens e eliminem apócrifos, alguns já identificados. São problemas de ecdótica apenas aflorados, uma vez que pouco se avançou no terreno do que é e do que não é de sua autoria. O minucioso levantamento de grande parte dos códices, realizado por Francisco Topa em *O mapa do labirinto: inventário testemunhal da poesia atribuída a Gregório de Matos*, bem como a primeira tentativa de edição crítica da obra poética, em andamento e organizada pelo mesmo estudioso, são indispensáveis para futuros exegetas. Contudo, falar da poesia de Gregório de Matos é sempre falar, como sugeriu Wilson Martins, da obra que corre em nome de Gregório de Matos, sem esquecer que o próprio Francisco Topa considerou tarefa utópica qualquer pretensão de fixação definitiva.

A situação vislumbrada pelo mesmo Wilson Martins em 1970 é a de que, "sob o nome de Gregório de Matos poderemos compreender, sem maiores prejuízos nem excessivas hesitações, qualquer coisa como um poeta coletivo, uma espécie de constelação de poetas, em que os anônimos se dissolvam na figura do epônimo e nele se transubstanciem para formar esse grande e imaginário poeta brasileiro do século XVII". Parecer semelhante foi mais tarde reforçado por Fábio Lucas: "...a crítica, a ensaística e a historiografia brasileira devem adotar Gregório de Matos como um nome englobante, de forma análoga ao que ocorre com Homero e Camões, entidades imprescindíveis aos estudos literários, não obstante não seja possível estabelecer todas as fronteiras de suas obras." Ainda para Wilson Martins, "por um paradoxo quase previsível e ironicamente bem-vindo, a desordem do texto gregoriano reflete a desordem da obra e da vida, a sua fantasia descabelada, a sua imortal irreverência, o seu desprezo da literatura e dos eruditos".

O dualismo que resulta do desconforto da crítica social, de quem não aceita o desconcerto do mundo, e uma veia lírica de redenção espiritual para além dos desajustes individuais é o que talvez molde a face mais conhecida de Gregório de Matos. Apesar da notória – e falível – disposição de sua obra, em geral dividida em lírica, graciosa, sacra e satírica, seus poemas se intercambiam incessantemente, e até de maneira brincalhona, num exuberante jogo lúdico de "poeta-jogador", ou melhor, "poeta-jogral", mas de jogo franco, direto, sem meias medidas, como sugeriu Affonso Ávila. Porque a aludida "desordem do texto" indica um poeta que percorreu irregular ou simultaneamente quase todos os temas e processos compositivos correntes em seu tempo, da lírica amorosa aos poemas sacros, dos poemas satíricos aos burlescos, da erótica à escatologia e à picaresca, da apologia moral à encomiástica e assim por diante. Sem deixar de ser, também, sem qualquer intenção ou programa, a primeira voz com conotação política da poesia brasileira, que paradoxalmente também pertenceria a Portugal, como grande parte de nossa literatura sob domínios coloniais. Essa conotação política por certo fortaleceu a valorização da vertente satírica em Gregório de Matos, demasiado amarga e limitada a problemas cotidianos, longe, é verdade, de uma pretensa visão global dos nossos problemas sociais. Valorização que acabou por deprimir a análise e a divulgação da lírica religiosa e amorosa, em geral consideradas mais convencionais, no entanto com evidente projeção em língua portuguesa ao longo do último século e não raro de fatura superior a muitas de suas sátiras mais famosas.

Outra vez com Fábio Lucas, podemos dizer que Gregório de Matos criou um barroco brasileiro, naturalmente "tardio, folclórico, patético, teatral". E nunca se ignorou que seu barroco é tributário de Portugal (em que se encontram reminiscências do soneto de Petrarca via Camões e Sá de Miranda, nos conhecidos paralelismos e antíteses) como também da Espanha, moldado pelo fatal e inevitável eco do didatismo mordaz dos poetas do *Século de Ouro*, isto é, de Góngora, Lope de Vega, Calderón e, na sátira, pela via popular e por vezes no vocabulário, de Quevedo – entre todas, a influência mais forte. O que não é incomum na literatura pré-romântica, ao contrário, e

Gregório de Matos não terá sido o primeiro "tradutor criativo" de outros poetas – detalhe que, em oposição ao que se supunha, no vai e vem das escolas e das modas, conta cada vez mais a seu favor, como ocorre com Camões.

Ora, poeta culto, mesmo nas águas do improviso, Gregório de Matos alcançou a mais alta poesia do período, seja na utilização da paródia, da paráfrase, da tradução livre (e mesmo da cópia ou plágio), seja pela absorção e subversão das técnicas versificatórias vigentes. Mais do que isso, porém, nesse âmbito conseguiu expressar com plenitude o espírito ambivalente e contraditório do mundo barroco, alçado à figura paradigmática de um mundo oscilante entre fé e pecado, virtude e vício, luz e sombra. Paradoxos que tensionaram e de certa forma estruturaram o cosmos do poeta – na vida, na obra, nas ardentes imprecações em que se viu queimar como homem e como artista, nos seus percalços e incertezas existenciais. Porque a maior parte dos poetas do tempo é demasiado cortês frente à língua solta de Gregório de Matos, infinitamente distante da comportada literatura de salão que dominou nossos primeiros séculos.

Sim, o barroco de matriz clássica ganhou com ele novos contornos, mais quentes nos temperos e açúcares tropicais, nessa forma nova que Araripe Júnior chamou de "lirismo crioulo" de um "Petrarca sertanejo". Já é o início de uma língua brasileira, simples, espontânea, próxima da oralidade, adequada aos assuntos que nos definem, aos problemas mais imediatos do homem brasileiro. O poder descritivo, a diversidade e riqueza do vocabulário, ainda pouco estudado no seu dinamismo semântico, a flexibilidade da língua, o vigor plástico das imagens (à moda barroca), o inusitado sempre com o propósito claro de dizer melhor sobre o humano, sem meios-tons, a despeito de uma pequena parcela um tanto obscura de seus versos, são traços indissociáveis de poeta cujos múltiplos processos de construção rímica e rítmica atestam recursos técnicos imprevistos. Recursos que, no dizer de Mário Faustino, são de uma notável opulência instrumental frente à pobreza cultural do meio em que viveu: "...basta considerar a diversidade dos metros em que o homem compôs, desde a dificílima frase musical de *canzone* italiana, desde o metro da oitava real, desde a *terza* rima até todos os tipos imagináveis de redondilha menor, com ou sem rima."

Vale lembrar ainda que é seu o melhor desenho do Brasil colonial, crônica de costumes feita de assomos de fúria, amor, compaixão, dor ou euforia. Não à toa James Amado o contornou pelo viés da crônica do "viver baiano seiscentista", cronista quase romanesco que Eugênio Gomes lamentou não se ter encaminhado para o teatro burlesco – "...foi mesmo o precursor da crônica teatral em nosso país" – com veia de caricaturista feroz e implacável pelo que carrega de revolta contra uma realidade irrespirável. Nesse último aspecto, como o Raul Pompeia de *O Ateneu*, dois séculos mais tarde. Aqui, é preciso também levar em conta a possível arte de mobilizar-se em "máscaras alternadas e complementares", como um Pessoa *avant la lettre*, fingidor, perfil ou perfis de Gregório de Matos sugeridos por Adriano Espínola em *As artes de enganar*.

Resta dizer que a face exclusivamente lírica do poeta, mesmo quando entrecruzada por outras, não recusa certa dicção elevada da herança clássica. E é com ela que o poeta conquista seu voo pleno, nessa mescla da linguagem culta com o coloquial e o mundano, nessa voluptuosa proximidade dos chamados termos "crioulos", de origem indígena ou africana, em parte relacionados por Segismundo Spina em estudo precursor. Ao contrário do lirismo amoroso idealizante, um desenho mais realista (conceptualista) do amor carnal, voltado às numerosas musas, mesmo que eventuais, e, em maior medida, às mulatas. Agiu do mesmo modo ao se deixar consumir pelos fervores sacros, repletos de uma dolorosa melancolia – espírito boêmio, tudo o atraiu no mundo, quer para o bem, quer para o mal, e tudo ele transportou para a poesia com as ambiguidades necessárias, valores que, nela, se interpenetram e confundem.

Genial em mais de um aspecto, Gregório de Matos conseguiu enfim espelhar como nenhum outro a complexidade do seu meio, os conflitos maiores e menores, e os dilemas, sobretudo os de ordem moral disfarçados quase sempre sob o pano de fundo social. Ligado visceralmente à realidade, encontrou a melhor forma de exprimi-la sem cacoetes, sem os artifícios fáceis do período. E assim é a maior expressão do barroco literário brasileiro em poesia (em prosa, temos Vieira), com uma complexidade estilística que ainda exigirá por longo tempo esforços coletivos de análise e interpretação. Porque, pelas vias conhecidas, só grandes poetas alcançam congregar conquistas e saberes daqueles que os antecederam para transportá-los com novo potencial, adiante de seu tempo. E a constelação que conhecemos pelo nome de Gregório de Matos alcançou a façanha.

Para esta antologia, em comum acordo, utilizei a edição de James Amado, a mais completa e de maior difusão até o momento.

ANDRÉ SEFFRIN
crítico literário, ensaísta e escritor
Rio de Janeiro, novembro de 2011

Nota do editor:
Os poemas de Gregório de Matos reunidos neste livro foram reproduzidos conforme a coletânea de James Amado publicada em dois volumes pela Editora Record em 1990. A partir da edição mencionada, atualizaram-se somente as grafias de vocábulos em língua portuguesa que não alterassem a estrutura fonética referente aos séculos XVII e XVIII.

DESCREVE O QUE ERA REALMENTE NAQUELE TEMPO A CIDADE DA BAHIA DE MAIS ENREDADA POR MENOS CONFUSA.

A cada canto um grande conselheiro,
Que nos quer governar a cabana, e vinha,
Não sabem governar sua cozinha,
E podem governar o mundo inteiro.

Em cada porta um frequentado olheiro,
Que a vida do vizinho, e da vizinha
Pesquisa, escuta, espreita, e esquadrinha,
Para a levar à Praça, e ao Terreiro.*

Muitos Mulatos desavergonhados,
Trazidos pelos pés os homens nobres,
Posta nas palmas toda a picardia.

Estupendas usuras nos mercados,
Todos, os que não furtam, muito pobres,
E eis aqui a cidade da Bahia.

---
*Praça da Sé e Terreiro de Jesus (N. do E.)

Queixas da sua mesma verdade.

1 Quer-me mal esta cidade......................................pela verdade,
  Não há, quem me fale, ou veja.............................de inveja,
  E se alguém me mostra amor..............................é temor.

>   De maneira, meu Senhor,
>   que me hão de levar a palma
>   meus três inimigos d'alma
>   Verdade, Inveja, e Temor.

2 Oh quem soubera as mentiras............................do
                                                         [Milimbiras,
  Fora aqui senhor do bolo......................................como tolo,
  E feito tolo, e velhaco..fora um caco.

>   Meteria assim no saco
>   Servindo, andando, e correndo
>   as ligas, que vão fazendo
>   Milimbiras, Tolo, e Caco.*

3 Tirara cinzas tiranas ....das bananas,
  Outro se os meus dez réis....................................de pastéis,
  E porque isento não fosse ....até do doce.

>   Teria assim, com que almoce
>   o meu amancebamento,
>   pois lhe basta por sustento
>   Bananas, Pastéis, e Doce.

---

*Caco: Na mitologia, ladrão de gado, filho de Vulcano. (*N. do E.*)

4 Prendas, que a empenhar obrigo ....pelo amigo,
  Dobrar-lhe eu o valor ....e primor,
  Cobrando em dous bodegões ....os tostões.

   E seus donos asneirões
   ao desfazer da moeda
   perdem da mesma assentada
   Amigo, Primor, Tostões.

5 Ao jimbo, que se lhe conta ....bota conta,
  E já por amigo vejo ....sem ter pejo,
  Pois lhe tira de corrida ....a medida.

   Mas verdadeira, ou mentida
   a conta ajustada vem,
   sendo um homem, que não tem,
   Conta, Pejo, nem Medida.

6 Dever-me-ão camaradas ....mil passadas,
  E o triste do companheiro ....o dinheiro,
  E à conta das minhas brasas ....as casas.

   Assim lhe empatara as vazas,
   pois o mesmo, que eu devia,
   por força me deveria
   Passadas, Dinheiro, e Casas.

Torna a definir o Poeta os maus modos de obrar na governança da Bahia, principalmente naquela universal fome, que padecia a cidade.

1 Que falta nesta cidade?..........................Verdade
Que mais por sua desonra ....Honra
Falta mais que se lhe ponha ....Vergonha.

> O demo a viver se exponha,
> por mais que a fama a exalta,
> numa cidade, onde falta
> Verdade, Honra, Vergonha.

2 Quem a pôs neste socrócio?..................Negócio
Quem causa tal perdição? ....Ambição
E o maior desta loucura? ....Usura.

> Notável desventura
> de um povo, néscio, e sandeu,
> que não sabe, que o perdeu
> Negócio, Ambição, Usura.

3 Quais são os seus doces objetos? ....Pretos
Tem outros bens mais maciços? ....Mestiços
Quais destes lhe são mais gratos? ....Mulatos.

> Dou ao demo os insensatos,
> dou ao demo a gente asnal,
> que estima por cabedal
> Pretos, Mestiços, Mulatos.

4 Quem faz os círios mesquinhos?........................Meirinhos
 Quem faz as farinhas tardas?.............................Guardas
 Quem as tem nos aposentos?.............................Sargentos.

> Os círios lá vêm aos centos,
> e a terra fica esfaimando,
> porque os vão atravessando
> Meirinhos, Guardas, Sargentos,

5 E que justiça a resguarda?...................................Bastarda
 É grátis distribuída?..Vendida
 Quem tem, que a todos assusta?........................Injusta.

> Valha-nos Deus, o que custa,
> o que El-Rei nos dá de graça,
> que anda a justiça na praça
> Bastarda, Vendida, Injusta.

6 Que vai pela clerezia? ....Simonia
 E pelos membros da Igreja?.................................Inveja
 Cuidei, que mais se lhe punha? ....Unha.

> Sazonada caramunha!
> enfim que na Santa Sé
> o que se pratica, é
> Simonia, Inveja, Unha.*

7 E nos Frades há manqueiras?..............................Freiras
 Em que ocupam os serões?..................................Sermões
 Não se ocupam em disputas?..............................Putas.

---

*Roubo. (*N. do E.*)

Com palavras dissolutas
me concluís na verdade,
que as lidas todas de um Frade
são Freiras, Sermões, e Putas.

8 O açúcar já se acabou? ....Baixou
   E o dinheiro se extinguiu? ....Subiu
   Logo já convalesceu? ....Morreu.

      À Bahia aconteceu
      o que a um doente acontece,
      cai na cama, o mal lhe cresce,
      Baixou, Subiu, e Morreu.

9 A Câmara não acode? ....Não pode
   Pois não tem todo o poder? ....Não quer
   É que o governo a convence? ....Não vence.

      Quem haverá que tal pense,
      que uma Câmara tão nobre
      por ver-se mísera, e pobre
      Não pode, não quer, não vence.

Ao menino Jesus de N. Senhora das Maravilhas,
a quem infiéis despedaçaram achando-se
a parte do peito.

Entre as partes do todo a melhor parte
Foi a parte em que Deus pôs o amor todo
Se na parte do peito o quis pôr todo,
O peito foi do todo a melhor parte.

Parta-se pois de Deus o corpo em parte,
Que a parte em que Deus fiou o amor todo
Por mais partes, que façam deste todo,
De todo fica intacta essa só parte.

O peito já foi parte entre as do todo,
Que tudo mais rasgaram parte a parte;
Hoje partem-se as partes deste todo;

Sem que do peito todo rasguem parte,
Que lá quis dar por partes o amor todo,
E agora o quis dar todo nesta parte.

Ao braço do mesmo menino Jesus
quando apareceu.

O todo sem a parte não é todo,
A parte sem o todo não é parte,
Mas se a parte o faz todo, sendo parte,
Não se diga, que é parte, sendo todo.

Em todo o Sacramento está Deus todo,
E todo assiste inteiro em qualquer parte,
E feito em partes todo em toda a parte,
Em qualquer parte sempre fica o todo.

O braço de Jesus não seja parte,
Pois que feito Jesus em partes todo,
Assiste cada parte em sua parte.

Não se sabendo parte deste todo,
Um braço, que lhe acharam, sendo parte,
Nos disse as partes todas deste todo.

A N. Senhor Jesus Cristo com actos de arrependido e suspiros de amor.

Ofendi-vos, Meu Deus, bem é verdade,
É verdade, meu Deus, que hei delinquido,
Delinquido vos tenho, e ofendido,
Ofendido vos tem minha maldade.

Maldade, que encaminha à vaidade,
Vaidade, que todo me há vencido;
Vencido quero ver-me, e arrependido,
Arrependido a tanta enormidade.

Arrependido estou de coração,
De coração vos busco, dai-me os braços,
Abraços, que me rendem vossa luz.

Luz, que claro me mostra a salvação,
A salvação pertendo em tais abraços,
Misericórdia, Amor, Jesus, Jesus.

A Cristo S. N. crucificado estando o Poeta na última hora de sua vida

Meu Deus, que estais pendente em um madeiro,
Em cuja lei protesto de viver,
Em cuja santa lei hei de morrer
Animoso, constante, firme, e inteiro.

Neste lance, por ser o derradeiro,
Pois vejo a minha vida anoitecer,
É, meu Jesus, a hora de se ver
A brandura de um Pai manso Cordeiro.

Mui grande é vosso amor, e meu delito,
Porém pode ter fim todo o pecar,
E não o vosso amor, que é infinito.

Esta razão me obriga a confiar,
Que por mais que pequei, neste conflito
Espero em vosso amor de me salvar.

Ao mesmo assunto e na mesma ocasião.

Pequei, Senhor, mas não porque hei pecado,
Da vossa piedade me despido,*
Porque quanto mais tenho delinquido,
Vos tenho a perdoar mais empenhado.

Se basta a vos irar tanto um pecado,
A abrandar-vos sobeja um só gemido,
Que a mesma culpa, que vos há ofendido,
Vos tem para o perdão lisonjeado.

Se uma ovelha perdida, e já cobrada**
Glória tal, e prazer tão repentino
vos deu, como afirmais na Sacra História:

Eu sou, Senhor, a ovelha desgarrada
Cobrai-a, e não queirais, Pastor divino,
Perder na vossa ovelha a vossa glória.

---
*Despeço. (*N. do E.*)
**Recuperada. (*N. do E.*)

Afirma que a Fortuna, e o fado não é outra cousa mais que a Providência Divina.

Isto, que ouço chamar por todo o mundo
Fortuna, de uns cruel, d'outros ímpia,
É no rigor da boa teologia
Providência de Deus alto, e profundo.

Vai-se com temporal a Nau ao fundo
Carregada de rica mercancia,
Queixa-se da Fortuna, que a envia,
E eu sei, que a submergiu Deus iracundo.

Mas se faz tudo a alta Providência
De Deus, como reparte justamente
À culpa bens, e males à inocência?

Não sou tão perspicaz, nem tão ciente,
Que explique arcanos d'alta Inteligência,
Só vos lembro, que é Deus o providente.

No sermão que pregou na Madre de Deus D. João Franco de Oliveira pondera o Poeta a fragilidade humana.

Na oração, que desaterra ....aterra
Quer Deus, que, a quem está o cuidado ....dado
Pregue, que a vida é emprestado ....estado
Mistérios mil, que desenterra ....enterra.

Quem não cuida de si, que é terra ....erra
Que o alto Rei por afamado ....amado,
E quem lhe assiste ao desvelado ....lado
Da morte ao ar não desaferra ....aferra.

Quem do mundo a mortal loucura ....cura,
A vontade de Deus sagrada ....agrada,
Firmar-lhe a vida em atadura ....dura.

Ó voz zelosa, que dobrada ....brada,
Já sei, que a flor da formosura ....usura
Será no fim desta jornada ....nada.

Continua o Poeta com este admirável
a quarta-feira de cinzas.

Que és terra Homem, e em terra hás de tornar-te,
Te lembra hoje Deus por sua Igreja,
De pó te faz espelho, em que se veja
A vil matéria, de que quis formar-te.

Lembra-te Deus, que és pó para humilhar-te,
E como o teu baixel sempre fraqueja
Nos mares da vaidade, onde peleja,
Te põe à vista a terra, onde salvar-te.

Alerta, alerta pois, que o vento berra,
E se assopra a vaidade, e incha o pano,
Na proa a terra tens, amaina, e ferra.

Todo o lenho mortal, baixel humano
Se busca a salvação, tome hoje terra,
Que a terra de hoje é porto soberano.

CONSIDERA O POETA ANTES DE CONFESSAR-SE NA
ESTREITA CONTA, E VIDA RELAXADA.

1 Ai de mim! Se neste intento,
   e costume de pecar
   a morte me embaraçar
   o salvar-me, como intento?
   que mau caminho frequento
   para tão estreita conta;
   oh que pena, e oh que afronta
   será, quando ouvir dizer:
   vai, maldito, a padecer,
   onde Lúcifer te aponta.

2 Valha-me Deus, que será
   desta minha triste vida,
   que assim mal logro perdida,
   onde, Senhor, parará?
   que conta se me fará
   lá no fim, onde se apura
   o mal, que sempre em mim dura,
   o bem, que nunca abracei,
   os gozos, que desprezei,
   por uma eterna amargura

3 Que desculpa posso dar,
   quando ao tremendo juízo
   for levado de improviso,
   e o demônio me acusar?
   Como me hei de desculpar
   sem remédio, e sem ventura,

se for para aonde dura
o tormento eternamente,
ao que morre impenitente
sem confissão, nem fé pura.

4   Nome tenho de cristão,
e vivo brutalmente,
comunico a tanta gente
sem ter quem me dê a mão:
Deus me chama co perdão
por auxílios, e conselhos,
eu ponho-me de joelhos
e mostro-me arrependido;
mas como tudo é fingido,
não me valem aparelhos.*

5   Sempre que vou confessar-me,
digo, que deixo o pecado;
porém torno ao mau estado,
em que é certo o condenar-me:
mas lá está quem há de dar-me
o pago do proceder:
pagarei num vivo arder
de tormentos repetidos
sacrilégios cometidos
contra quem me deu o ser.

6   Mas se tenho tempo agora,
e Deus me quer perdoar,
que lhe hei de mais esperar,
para quando? ou em qual hora?

---

*Decisões. (*N. do E.*)

que será, quando traidora
a morte me acometer,
e então lugar não tiver
de deixar a ocasião,
na extrema condenação
me hei de vir a subverter

Ao dia do juízo.

O alegre do dia entristecido,
O silêncio da noite perturbado
O resplandor do sol todo eclipsado,
E o luzente da lua desmentido!

Rompa todo o criado em um gemido,
Que é de ti mundo? onde tens parado?
Se tudo neste instante está acabado,
Tanto importa o não ser, como haver sido.

Soa a trombeta da maior altura,
A que a vivos, e mortos traz o aviso
Da desventura de uns, d'outros ventura.

Acabe o mundo, porque é já preciso,
Erga-se o morto, deixe a sepultura,
Porque é chegado o dia do juízo.

A Conceição Imaculada de Maria Santíssima.

Para Mãe, para Esposa, Templo, e Filha
Decretou a Santíssima Trindade
Lá da sua profunda eternidade
A Maria, a quem fez com maravilha.

E como esta na graça tanto brilha,
No cristal de tão pura claridade
A segunda Pessoa humanidade
Pela culpa de Adão tomar se humilha.

Para que foi aceita a tal Menina?
Para emblema do Amor, obra piedosa
Do Padre, Filho, e Pomba essência trina:

É logo consequência esta forçosa,
Que Estrela, que fez Deus tão cristalina
Nem por sombras da sombra a mancha goza

A Conceição Imaculada de Maria Santíssima.

Como na cova tenebrosa, e escura,
A quem abriu o Original pecado,
Se o próprio Deus a mão vos tinha dado;
Podíeis vós cair, ó virgem pura?

Nem Deus, que o bem das almas só procura,
De todo vendo o mundo arruinado,
Permitira a desgraça haver entrado,
Donde havia sair nova ventura.

Nasce a rosa de espinhos coroada
Mas se é pelos espinhos assistida,
Não é pelos espinhos magoada.

Bela Rosa, ó virgem esclarecida!
Se entre a culpa se vê, fostes criada,
Pela culpa não fostes ofendida.

Ao mesmo assunto.

1. Antes de ser fabricada
do mundo a máquina digna,
já lá na mente divina,
Senhora, estáveis formada:
com que sendo vós criada
então, e depois nascida
(como é cousa bem sabida)
não podíeis, (se esta sois)
na culpa, que foi depois,
nascer, Virgem, comprendida

2. Entre os nascidos só vós
por privilégio na vida
fostes, Senhora, nascida
isenta da culpa atroz:
mas se Deus (sabemos nós)
que pode tudo, o que quer,
e vos chegou a eleger
para Mãe sua tão alta,
impureza, mancha, ou falta
nunca em vós podia haver.

3. Louvem-vos os serafins,
que nessa Glória vos veem,
e todo o mundo também
por todos os fins dos fins:
Potestades, querubins,
e enfim toda a criatura,
que em louvar-vos mais se apura,

confessem, como é razão,
que foi vossa conceição
sacra, rara, limpa, e pura.

4 O Céu para coroar-vos
estrelas vos oferece,
o sol de luzes vos tece
a gala, com que trajar-vos:
a lua para calçar-vos
dedica o seu arrebol,
e consagra o seu farol,
porque veja o mundo todo,
que brilham mais deste modo
Céu, estrelas, lua, e sol.

As lágrimas que se diz, chorou
N. Senhora de Monsarrate.

Temor de um dano, de uma oferta indício
Pronta em divina Origem desatado,
Que tendo por horrível ao pecado,
Sois a Deus agradável sacrifício.

Esperança da fé, terror do vício,
Enigma em dois assuntos decifrado,
Que pareceis castigo ameaçado
E sois executado benefício.

Duas cousas qualquer delas possível
Tendes, ó pranto, para ser forçoso,
e envolveis o prodígio para crível.

Tendo um motivo ingrato, outro piedoso,
Um na minha dureza aborrecível,
Outro no vosso amparo generoso.

Sentimentos d'El-rei D. Pedro II à morte desta sereníssima senhora sua filha primogênita.

Se a dar-te vida a minha dor bastara,
Filha Isabel, de minha dor morrera,
E porque minha dor tudo excedera,
Gêneros novos de sentir buscara.

Se uma vida se dera, ou se emprestara,
A metade da minha te ofrecera,
Ou toda, porque inveja não tivera
Outra a metade, que órfã me ficara.

E se a minha alma enfim tua agonia
Substituir pudera com a sua,
Tua vida animando a cinza fria:

Inda que a arrojo o mundo o atribua,
Não só a vida, a alma te daria
Por melhorá-la com fazê-la tua.

Ao Conde de Ericeyra D. Luiz de Menezes pedindo louvores ao Poeta não lhe achando ele préstimo algum.

Um soneto começo em vosso gabo;
Contemos esta regra* por primeira,
Já lá vão duas, e esta é a terceira,
Já este quartetinho está no cabo.

Na quinta torce agora a porca o rabo:
A sexta vá também desta maneira,
na sétima entro já com grã canseira,
E saio dos quartetos muito brabo.

Agora nos tercetos que direi?
Direi, que vós, Senhor, a mim me honrais,
Gabando-vos a vós, e eu fico um Rei.

Nesta vida um soneto já ditei,
Se desta agora escapo, nunca mais;
Louvado seja Deus, que o acabei.

---

*Linha de papel pautado, linha escrita. (*N. do E.*)

SUBTILEZA COM QUE O POETA SATIRIZA
A ESTE GOVERNADOR.

1 Tempo, que tudo trasfegas,
   fazendo aos peludos calvos,
   e pelos tornar mais alvos
   até os bigodes esfregas:
   todas as caras congregas,
   e a cada uma pões mudas,
   tudo acabas, nada ajudas,
   ao rico pões em pobreza,
   ao pobre dás a riqueza,
   só para mim te não mudas.

2 Tu tens dado em mal querer-me,
   pois vejo, que dá em faltar-te
   tempo só para mudar-te,
   se é para favorecer-me:
   por conservar-me, e manter-me
   no meu infeliz estado,
   até em mudar-te hás faltado,
   e estás tão constante agora,
   que para minha melhora
   de mudanças te hás mudado.

3 Tu, que esmaltas, e prateias
   tanta gadelha dourada,
   e tanta face encarnada
   descoras, turbas, e afeias:
   que sejas pincel, não creias,
   senão dias já passados;

mas se esmaltes prateados
   branqueiam tantos cabelos,
   como, branqueando pelos,
   não me branqueias cruzados?

4 Se corres tão apressado,
   como paraste comigo?
   corre outra vez, inimigo,
   que o teu curso é meu sagrado:
   corre para vir mudado,
   não pares por mal de um triste:
   porque, se pobre me viste,
   paraste há tantas auroras,
   bem de tão infaustas horas
   o teu relógio consiste.

5 O certo é, seres um caco,
   um ladrão da mocidade,
   por isso nesta cidade
   corre um tempo tão velhaco:
   farinha, açúcar, tabaco
   no teu tempo não se alcança,
   e por tua intemperança
   te culpa o Brasil inteiro,
   porque sempre és o primeiro
   móvel de qualquer mudança.

6 Não há já, quem te suporte;
   e quem armado te vê
   de fouce, e relógio, crê,
   que és o percussor da morte:
   vens adiante de sorte,
   e com tão fino artifício,

que à morte forras o ofício;
pois ao tempo de morrer,
não tendo já que fazer,
perde a morte o exercício.

7 Se o tempo consta de dias,
que revolve o céu opaco,
como tu, tempo velhaco,
constas de velhacarias?
não temas, que as carestias,
que de ti se hão de escrever,
te darão a aborrecer
tanto as futuras idades,
que, ouvindo as tuas maldades,
a cara te hão de torcer.

8 Se, porque penas me dês,
paras cruel, e inumano,
o céu santo, e soberano
te fará mover os pés:
esse azul móvel, que vês,
te fará ser tão corrente,
que não parando entre a gente,
preveja a Bahia inteira,
que há de correr a carreira
com pregão de delinquente.

A seu filho o Conde do Prado, de quem era
o Poeta bem visto, estando retirado na Praia
grande, lhe dá conta dos motivos, que
teve para se retirar da Cidade, e as glórias,
que participa no retiro.

Daqui desta Praia grande,
Onde à cidade fugindo,
conventual das areias
entre os mariscos habito:
A vós, meu Conde do Prado,
a vós, meu Príncipe invicto,
Ilustríssimo Mecenas
de um Poeta tão indigno.
Enfermo de vossa ausência
quero curar por escrito
sentimentos, e saudades,
lágrimas, penas, suspiros.
Quero curar-me convosco,
porque é discreto aforismo,
que a causa das saudades
se empenhe para os alívios.
Ausentei-me da Cidade,
porque esse Povo maldito
me pôs em guerra com todos,
e aqui vivo em paz comigo.
Aqui os dias me não passam,
porque o tempo fugitivo,
por ver minha solidão,
para em meio do caminho.
Graças a Deus, que não vejo
neste tão doce retiro

hipócritas embusteiros,
velhacos entremetidos.
Não me entram nesta palhoça
visitadores prolixos,
políticos enfadonhos,
cerimoniosos vadios.
Uns néscios, que não dão nada,
senão enfado infinito,
e querem tirar-me o tempo,
que me outorga Jesus Cristo.
Visita-me o lavrador
sincero, simples, e liso,
que entra co'a boca fechada,
e sai co queixo caído.
Em amanhecendo Deus,
acordo, e dou de focinhos
co sol sacristão dos céus
toca aqui, toca ali signos.
Dou na varanda um passeio,
ouço cantar passarinhos
docemente, ao que eu entendo,
exceto a letra, e o tonilho.
Vou-me logo para a praia,
e vendo os alvos seixinhos,
de quem as ondas murmuram
por mui brancos, e mui limpos:
os tomo em minha desgraça
por exemplo expresso, e vivo,
pois ou por limpo, ou por branco
fui na Bahia mofino.
Queimada veja eu a terra,
onde o torpe idiotismo
chama aos entendidos néscios,
aos néscios chama entendidos.

Queimada veja eu a terra
onde em casa, e nos corrilhos
os asnos me chamam d'asno,
parece cousa de riso.
eu sei um clérigo zote
parente em grau conhecido
destes, que não sabem musa,
mau grego, e pior latino:
Famoso em cartas, e dados
mais que um ladrão de caminhos,
regatão de piaçavas,
e grande atravessa-milhos:
Ambicioso, avarento,
das próprias negras amigo
só por fazer a gaudere,*
o que aos outros custa jimbo.
Que se acaso em mim lhe falam,
torcendo logo o focinho,
ninguém me fale nesse asno,
responde com todo o siso.
Pois agora (pergunto eu)
se Job fora ainda vivo
sofrera tanto ao diabo,
como eu sofro este percito?
Também sei, que um certo Beca
no pretório presidindo,
onde é salvage em cadeira,
me pôs asno de banquinho.
Por sinal que eu respondi,
a quem me trouxe este aviso,
se fosse asno, como eu sou,

---

*Do latim: "a gosto", "a contento". (*N. do E.*)

que mal fora a esse Ministro.
Eu era lá em Portugal
sábio, discreto, e entendido,
Poeta melhor, que alguns,
douto como os meus vizinhos.
Chegando a esta cidade,
logo não fui nada disto:
porque o direito entre o torto
parece, que anda torcido.
Sou um herege, um asnote,
mau cristão, pior ministro,
mal entendido entre todos,
de nenhum bem entendido.
Tudo consiste em ventura,
que eu sei de muitos delitos
mais graves que os meus alguns,
porém todos sem castigo.
Mas não consiste em ventura,
E se o disse, eu me desdigo;
pois consiste na ignorância
de Idiotas tão supinos.
De noite vou tomar fresco,
e vejo em seu epiciclo
a lua desfeita em quartos
como ladrão de caminhos.
O que passo as mais das noites,
não sei, e somente afirmo,
que a noite mais negra, escura
em claro a passo dormindo.
Faço versos mal limados
a uma Moça como um brinco,
que ontem foi alvo dos olhos,
hoje é negro dos sentidos.
Esta é a vida, que passo,

e no descanso, em que vivo,
me rio dos Reis de Espanha
em seu célebre retiro.
Se, a quem vive em solidão,
chamou beato um gentio,
espero em Deus, que hei de ser
por beato inda benquisto.
Mas aqui, e em toda a parte
estou tão oferecido
às cousas do vosso gosto,
como de vosso serviço.

A MORTE DESTE CONDE* SUCEDIDA NO MAR
QUANDO SE RETIRAVA PARA LISBOA.

Do Prado mais ameno a flor mais pura,
Que em fragrâncias o alento há desatado,
Hoje a fortuna insípida há roubado
A pompa, o ser, a gala, a formosura.

Flor foste, ó Conde, a quem a desventura
Por decreto fatal do iníquo fado
Quis dar-te como flor do melhor Prado
Tumba no mar, nas águas sepultura

Porque menos decente o monumento
Poderias achar no infeliz caso
De ver extinto tanto luzimento.

Por magnânimo herói no final prazo
Somente na extensão desse elemento
Terias como sol decente ocaso.

---
*Conde do Prado, dom Francisco de Sousa. (*N. do E.*)

Aos capitulares do seu tempo.

A nossa Sé da Bahia,
com ser um mapa de festas,
é um presépio de bestas,
se não for estrebaria:
várias bestas cada dia
vemos, que o sino congrega,
Caveira mula galega
o Deão burrinha parda,
Pereira besta de albarda,
tudo para a Sé se agrega.

PONDERA ESTANDO HOMIZIADO NO CARMO
QUÃO GLORIOSA É A PAZ DA RELIGIÃO.

1 Quem da religiosa vida
  não se namora, e agrada,
  já tem a alma danada,
  e a graça de Deus perdida:
  uma vida tão medida
  pela vontade dos Céus,
  que humildes ganham troféus,
  e tal glória se desfruta,
  que na mesa a Deus se escuta,
  no Coro se louva a Deus.

2 Esta vida religiosa
  tão sossegada, e segura
  a toda a boa alma apura,
  afugenta a alma viciosa:
  há cousa mais deliciosa,
  que achar o jantar, e almoço
  sem cuidado, e sem sobrosso
  tendo no bom, e mau ano
  sempre o pão quotidiano,
  e escusar o Padre nosso!

3 Há cousa como escutar
  o silêncio, que a garrida
  toca depois da comida
  para cozer o jantar!
  há cousa como calar,
  e estar só na minha cela

    considerando a panela,
que cheirava, e recendia
no gosto de malvasia
na grandeza da tigela!

4 Há cousa como estar vendo
uma só Mãe religião
sustentar a tanto Irmão
mais, ou menos Reverendo!
há maior gosto, ao que entendo,
que agradar ao meu Prelado,
para ser dele estimado,
se ao obedecer-lhe me animo,
e depois de tanto mimo
ganhar o Céu de contado.

5 Dirão réprobos, e réus,
que a sujeição é fastio;
pois para que é o alvedrio,
senão para dar a Deus:
quem mais o sujeita aos céus,
esse mais livre se vê,
que Deus (como ensina a fé)
nos deixou livre a vontade,
e o mais é mor falsidade,
que os montes de Gelboé.

6 Oh quem, meu Jesus amante,
do Frade mais descontente
me fizera tão parente,
que fora eu seu semelhante!
Quem me vira neste instante

tão solteiro, qual eu era,
que na Ordem mais austera
comera o vosso maná!
Mas nunca direi, que lá
virá a fresca Primavera.

Aos missionários, a quem o arcebispo D. Fr. João da Madre de Deus recomendava muito as vias sacras, que enchendo a cidade de cruzes chamavam do púlpito as pessoas por seus nomes, repreendendo, a quem faltava.

Via de perfeição é a sacra via,
Via do céu, caminho da verdade:
Mas ir ao Céu com tal publicidade,
Mais que à virtude, o boto à hipocrisia.

O ódio é d'alma infame companhia,
A paz deixou-a Deus à cristandade:
Mas arrastar por força, uma vontade,
Em vez de perfeição é tirania.

O dar pregões do púlpito é indecência,
Que de fulano? venha aqui sicrano:
Porque o pecado, o pecador se veja:

E próprio de um Porteiro d'audiência,
E se nisto maldigo, ou mal me engano,
Eu me submeto à Santa Madre Igreja.

Ao mesmo com presunções de sábio, e ingenhoso.

Este Padre Frisão, este sandeu
Tudo o demo lhe deu, e lhe outorgou,
Não sabe musa musae, que estudou,
Mas sabe as ciências, que nunca aprendeu.

Entre catervas de asnos se meteu,
E entre corjas de bestas se aclamou,
Naquela Salamanca o doutorou,
E nesta salacega floresceu.

Que é um grande alquimista, isso não nego,
Que alquimistas do esterco tiram ouro,
Se cremos seus apógrafos conselhos.

E o Frisão as Irmãs pondo ao pespego,
Era força tirar grande tesouro,
Pois soube em ouro converter pentelhos.

AOS MESMOS PADRES HÓSPEDES ENTRE OS QUAIS
VINHA O PE. PERICO, QUE ERA PEQUENINO.

Vieram Sacerdotes dous e meio
Para a casa do grande sacerdote,
Dous e meio couberam em um bote,
Notável carga foi para o granjeiro.

O barco e o Arrais, que ia no meio,
Tanto que em terra pôs um, e outro zote,*
Se foi buscar a vida a todo o trote,
Deixando a carga, o susto, e o recreio.

Assustei-me em ver tanta clerezia,
Que como o trago enfermo de remela,
Cuidei, vinham rezar-me a agonia.

Porém ao pôr da mesa, e postos nela,
Entendi, que vieram da Bahia
Não mais que por papar a cabidela.

---

*Idiota, ignorante. (*N. do E.*)

Ao Capitão Bento Rabello morador na Vila de S. Francisco amigo do Poeta, que por estar totalmente divertido com o jogo o não foi visitar; ele o admoesta, a que largue o jogo, e vá para a Cajaíba.

Pois me deixais pelo jogo,
licença me haveis de dar
para vos satirizar
como amigo.

Fará isso um inimigo,
deixares-me miserando,
por estar sempre beijando
o ás de copas.

Quando andáveis lá nas tropas
de tanta campanha armada,
jogáveis jogo de espada
ou da espadilha?

Quem vos meteu a potrilha,
para estares noite, e dia
na triste tafularia
de um cruzado?

Não é melhor desenfado
passares à Cajaíba,
onde o jogo vos derriba
e escangalha?

É mau ver esta canalha,
Clara, Bina, e Lourencinha,
a quem dizeis a gracinha
de soslaio?

É mau encaixar-lhe o paio
encostado aqui na torre,
e ela dizer-vos, que morre
de olho em alvo?

É mau meteres o calvo
entre tanta pentelheira,
e sair co'a cabeleira
encrespadinha?

Que mau é Mariquitinha,
quando está com seus lundus
fazer-vos com quatro cus
o rebolado?

Quem vos chamar home honrado,
não tem honra, nem razão,
que vós sois um toleirão,
e um Pasguate.

Mas se deixais por remate
esse jogo, esse monturo
sois Príncipe, que de juro
senhoreia.

Sois o Mecenas da veia
deste Poeta nefando,
que aqui vos está esperando
com jantar, merenda, e ceia.

Ao mesmo Capitão sendo achado com uma grossíssima negra.

1 Ontem, senhor Capitão,
   vos vimos deitar a prancha,
   embarcar-vos numa lancha
   de gentil navegação:
   a lancha era um galeão,
   que joga trinta por banda,
   grande proa, alta varanda,
   tão grande popa, que dar
   podia o cu a beijar
   a maior urca de Holanda.

2 Era tão azevichada,
   tão luzente, e tão flamante,
   que eu cri, que naquele instante,
   saiu do porto breada:
   estava tão estancada
   que se escusava outra frágua
   e assim teve grande mágoa
   da lancha por ver, que quando
   a estáveis calafetando
   então fazia mais água.

3 Vós logo destes à bomba
   com tal pressa, e tal afinco,
   que a pusestes como um brinco
   mais lisa, que uma pitomba:
   como a lancha era mazomba,
   jogava tanto de quilha,

que tive por maravilha,
não comê-la o mar salgado,
mas vós tínheis, o cuidado,
de lhe ir metendo a cavilha.

4 Desde então toda esta terra
vos fez por aclamação
Capitão de guarnição
não só, mas de mar, e guerra:
eu sei, que o Povo não erra,
nem nisso vos faz mercê,
porque sois soldado, que
podeis capitanear
as charruas d'além-mar,
se são urcas de Guiné.

AO MESMO POR SUAS ALTAS PRENDAS.

```
Dou         pruden        nobre, huma          afá
   to,         te,              no,             vel,
Re          cien         benig         e aplausí
Úni         singular ra               inflexí
   co,         ro,                    vel
Magnífi              precla       incompará
Do mun               grave Ju             inimitá
     do                 is                  vel
Admira              goza  o aplauso        crí
Po    a trabalho tan       e t             terrí
  is             to         ão                  vel
Da         pron  execuç   sempre incansá
Voss    fa   Senhor sej           notór
   a          ma            a              ia
L       no cli    onde nunc   chega o d
Ond        de    Ere    só se  tem    memór
    e           bo                         ia
Para qu           gar       tal,   tanta energ
po          de   tod     est    terr  é gentil glór
      is          a        a       a             ia
Da ma         remot     sej     um        alegr
```

PONDO OS OLHOS PRIMEIRAMENTE NA SUA CIDADE
CONHECE, QUE OS MERCADORES SÃO O PRIMEIRO
MÓVEL DA RUÍNA, EM QUE ARDE PELAS MERCADORIAS
INÚTEIS, E ENGANOSAS.

Triste Bahia! Oh quão dessemelhante
Estás, e estou do nosso antigo estado!
Pobre te vejo a ti, tu a mi empenhado,
Rica te vejo eu já, tu a mi abundante.

A ti tocou-te a máquina mercante,
Que em tua larga barra tem entrado,
A mim foi-me trocando, e tem trocado
Tanto negócio, e tanto negociante.

Deste em dar tanto açúcar excelente
Pelas drogas inúteis, que abelhuda
Simples* aceitas do sangaz Brichote.**

Oh se quisera Deus, que de repente
Um dia amanheceras tão sisuda
Que fora de algodão o teu capote!

---

*Sinônimo de remédios. (*N. do E.*)
**Termo usado pejorativamente para "estrangeiro". (*N. do E.*)

Descreve com mais individuação a fidúcia,
com que os estranhos sobem a
arruinar sua República.

Senhora Dona Bahia,
nobre, e opulenta cidade,
madrasta dos Naturais,
e dos Estrangeiros madre.
Dizei-me por vida vossa,
em que fundais o ditame
de exaltar, os que aí vêm,
e abater, os que ali nascem?
Se o fazeis pelo interesse,
de que os estranhos vos gabem,
isso os Paisanos fariam
com duplicadas vantagens.
E suposto que os louvores
em boca própria não cabem,
se tem força terá a verdade.
O certo é, Pátria minha,
que fostes terra de alarves,
e inda os ressábios vos duram
desse tempo, e dessa idade.
Haverá duzentos anos,
(nem tantos podem contar-se)
que éreis uma aldeia pobre,
e hoje sois rica cidade.
Então vos pisavam Índios,
e vos habitavam cafres,
hoje chispais fidalguias,
arrojando personagens.
A essas personagens vamos,
sobre elas será o debate,

e queira Deus, que o vencer-vos
para envergonhar-vos baste.
Sai um pobrete de Cristo
de Portugal, ou do Algarve
cheio de drogas alheias
para daí tirar gages:*
O tal foi sota-tendeiro
de um cristão-novo em tal parte,
que por aqueles serviços
o despachou a embarcar-se.
Fez-lhe uma carregação
entre amigos, e compadres:
e ei-lo comissário feito
de linhas, lonas, beirames.
Entra pela barra dentro,
dá fundo, e logo a entonar-se
começa a bordo da Nau
cum vestidinho flamante.
Salta em terra, toma casas,
arma a botica dos trastes,
em casa come Baleia,
na rua entoja manjares.
Vendendo gato por lebre,
antes que quatro anos passem,
já tem tantos mil cruzados,
segundo afirmam Pasguates.**
Começam a olhar para ele
os Pais, que já querem dar-lhe
Filha, e dote, porque querem
homem, que coma, e não gaste.
Que esse mal há nos mazombos,
têm tão pouca habilidade,

---

*Salários, lucros, ganhos. (*N. do E.*)
**Idiotas, palermas. (*N. do E.*)

que o seu dinheiro despendem
para haver de sustentar-se.
Casa-se o meu matachim,
põe duas Negras, e um Pajem,
uma rede com dous Minas,
chapéu-de-sol, casas-grandes.
Entra logo nos pilouros,
e sai do primeiro lance
Vereador da Bahia,
que é notável dignidade.
Já temos o Canastreiro,
que inda fede a seus beirames
metamorfósis da terra
transformado em homem grande;
e eis aqui a personagem.
Vem outro do mesmo lote
tão pobre, e tão miserável
vende os retalhos, e tira
comissão com couro, e carne.
Co principal se levanta,
e tudo emprega no Iguape,
que um engenho, e três fazendas
o têm feito homem grande;
e eis aqui a personagem.
Dentre a chusma e a canalha
da marítima bagagem
fica às vezes um cristão,
que apenas benzer-se sabe:
Fica em terra resoluto
a entrar na ordem mercante,
troca por côvado, e vara
timão, balestilha, e mares.
Arma-lhe a tenda um ricaço,
que a terra chama Magnate
com pacto de parceria,

que em direito é sociedade:
Com isto a Marinheiraz*
do primeiro jacto, ou lance
bota fora o cu breado,
as mãos dissimula em guantes.
Vende o cabedal alheio,
e dá com ele em Levante,
vai, e vem, e ao dar das contas
diminui, e não reparte.
Prende aqui, prende acolá,
nunca falta um bom Compadre,
que entretenha o acredor,
ou faça esperar o Alcaide.
Passa um ano, e outro ano,
esperando, que ele pague,
que uns lhe dão, para que junte,
e outros mais, para que engane.
Nunca paga, e sempre come,
e quer o triste Mascate,
que em fazer a sua estrela
o tenham por homem grande.
O que ele fez, foi furtar,
que isso faz qualquer bribante,
tudo o mais lhe fez a terra
sempre propícia aos infames
e eis aqui a personagem.
Vem um Clérigo idiota,
desmaiado com um jalde,
os vícios com seu bioco,
com seu rebuço as maldades:
Mais Santo do que Mafoma**

---

*Termo usado pejorativamente para marinheiro. (*N. do E.*)
**Maomé. (*N. do E.*)

na crença dos seus Arabes,
Letrado como um Matulo,
e velhaco como um Frade:
Ontem simples Sacerdote,
hoje uma grã dignidade,
ontem salvage notório,
hoje encoberto ignorante.
Ao tal Beato fingido
é força, que o povo aclame,
e os do governo se obriguem,
pois edifica a cidade.
Chovem uns, e chovem outros
com ofícios, e lugares,
e o Beato tudo apanha
por sua muita humildade.
Cresce em dinheiro, e respeito,
vai remetendo as fundagens,
compra toda a sua terra,
com que fica homem grande,
e eis aqui a personagem.
Vêm outros zotes* de Réquiem,
que indo tomar o caráter
todo o Reino inteiro cruzam
sobre a chanca viandante.
De uma província para outra
como Dromedários partem,
caminham como camelos,
e comem como salvages:
Mariolas de missal,
lacaios missa-cantante
sacerdotes ao burlesco,
ao sério ganhões de altares.
Chega um destes, toma amo,

---

*Idiotas.

que as capelas dos Magnates
são rendas, que Deus criou
para estes Orate frates.*
Fazem-lhe certo ordenado,
que é dinheiro na verdade,
que o Papa reserva sempre
das ceias, e dos jantares.
Não se gasta, antes se embolsa,
porque o Reverendo Padre
é do Santo Nicomedes
meritíssimo confrade;
e eis aqui a personagem.
Veem isto os Filhos da terra,
e entre tanta iniquidade
são tais, que nem inda tomam
licença para queixar-se.
Sempre veem, e sempre falam,
até que Deus lhes depare,
quem lhes faça de justiça
esta sátira à cidade,
Tão queimada, e destruída
te vejas, torpe cidade,
como Sodoma, e Gomorra
duas cidades infames.
Que eu zombo dos teus vizinhos,
sejam pequenos, ou grandes
gozos, que por natureza
nunca mordem, sempre latem.
Que eu espero entre Paulistas
na divina Majestade,
Que a ti São Marçal te queime,
E São Pedro assim me guarde.

---

*Do latim: "Orai, irmãos." (*N. do E.*)

Julga prudente e discretamente aos mesmos por culpados em uma geral fome que houve nesta cidade pelo desgoverno da República, como estranhos nela.

1 Toda a cidade derrota
   esta fome universal,
   uns dão a culpa total
   à Câmara, outros à frota:
   a frota tudo abarrota
   dentro nos escotilhões
   a carne, o peixe, os feijões,
   e se a Câmara olha, e ri,
   porque anda farta até aqui,
   é cousa, que me não toca;
   Ponto em boca.

2 Se dizem, que o Marinheiro
   nos precede a toda a Lei,
   porque é serviço d'El-Rei,
   concedo, que está primeiro:
   mas tenho por mais inteiro
   o conselho, que reparte
   com igual mão, igual arte
   por todos, jantar, e ceia:
   mas frota com tripa cheia,
   e povo com pança oca!
   Ponto em boca.

3 A fome me tem já mudo,
   que é muda a boca esfaimada;
   mas se a frota não traz nada,

por que razão leva tudo?
   que o Povo por ser sisudo
   largue o ouro, e largue a prata
   a uma frota patarata,
   que entrando co'a vela cheia,
   o lastro que traz de areia,
   por lastro de açúcar troca!
   Ponto em boca.

4 Se quando vem para cá,
   nenhum frete vem ganhar,
   quando para lá tornar,
   o mesmo não ganhará:
   quem o açúcar lhe dá,
   perde a caixa, e paga o frete,
   porque o ano não promete
   mais negócio, que perder
   o frete, por se dever,
   a caixa, porque se choca:
   Ponto em boca.

5 Eles tanto em seu abrigo,
   e o povo todo faminto,
   ele chora, e eu não minto,
   se chorando vo-lo digo:
   tem-me cortado o embigo
   este nosso General,
   por isso de tanto mal
   lhe não ponho alguma culpa;
   mas se merece desculpa
   o respeito, a que provoca,
   Ponto em boca.

6 Com justiça pois me torno
à Câmara Nó Senhora,
que pois me trespassa agora,
agora leve o retorno:
praza a Deus, que o caldo morno,
que a mim me fazem cear
da má vaca do jantar
por falta do bom pescado
lhe seja em cristéis lançado;
mas se a saúde lhes toca:
Ponto em boca.

Queixa-se o Poeta em que o mundo vai errado, e querendo emendá-lo o tem por empresa dificultosa.

Carregado de mim ando no mundo,
E o grande peso embarga-me as passadas,
Que como ando por vias desusadas,
Faço o peso crescer, e vou-me ao fundo.

O remédio será seguir o imundo
Caminho, onde dos mais vejo as pisadas,
Que as bestas andam juntas mais ornadas,
Do que anda só o engenho mais profundo.

Não é fácil viver entre os insanos,
Erra, quem presumir, que sabe tudo,
Se o atalho não soube dos seus danos.

O prudente varão há de ser mudo,
Que é melhor neste mundo o mar de enganos
Ser louco cos demais, que ser sisudo.

Expõe esta doutrina com miudeza, e entendimento claro, e se resolve a seguir seu antigo dictame.

1 Que néscio, que era eu então,
  quando o cuidava, o não era,
  mas o tempo, a idade, a era
  puderam mais que a razão:
  fiei-me na discrição,
  e perdi-me, em que me pes,
  e agora dando ao través,
  vim no cabo a entender,
  que o tempo veio a fazer,
  o que a razão nunca fez.

2 O tempo me tem mostrado,
  que por me não conformar
  com o tempo, e co lugar
  estou de todo arruinado:
  na política de estado
  nunca houve princípios certos,
  e posto que homens espertos
  alguns documentos deram,
  tudo, o que nisto escreveram,
  são contingentes acertos.

3 Muitos por vias erradas
  têm acertos mui perfeitos,
  muitos por meios direitos,
  não dão sem erro as passadas:*

---

*Antiga medida equivalente a quatro palmos; ação de má-fé. (*N. do E.*)

cousas tão disparatadas
obra-as a sorte importuna,
que de indignos é coluna,
e se me há de ser preciso
lograr fortuna sem siso,
eu renuncio à fortuna.

4 Para ter por mim bons fados
escuso discretos meios,
que há muitos burros sem freios,
e mui bem afortunados:
logo os que andam bem livrados,
não é própria diligência,
é o céu, e sua influência,
são forças do fado puras,
que põem mantidas figuras
do teatro da prudência.

5 De diques de água cercaram
esta nossa cidadela,
todos se molharam nela,
e todos tontos ficaram:
eu, a quem os céus livraram
desta água fonte de asnia,
fiquei são da fantesia
por meu mal, pois nestes tratos
entre tantos insensatos
por sisudo eu só perdia.

6 Vinham todos em manada
um simples, outro doudete,
este me dava um moquete,
aqueloutro uma punhada:
tá, que sou pessoa honrada,
e um homem de entendimento;

    qual honrado, ou qual talento?
    foram-me pondo num trapo,
    vi-me tornado um farrapo,
    porque um tolo fará cento.

7 Considerei logo então
    os baldões, que padecia,
    vagarosamente um dia
    com toda a circunspeção:
    assentei por conclusão
    ser duro de os corrigir,
    e livrar do seu poder,
    dizendo com grande mágoa:
    se me não molho nesta água,
    mal posso entre estes viver.

8 Eia, estamos na Bahia,
    onde agrada a adulação,
    onde a verdade é baldão,
    e a virtude hipocrisia:
    sigamos esta harmonia
    de tão fátua consonância,
    e inda que seja ignorância
    seguir erros conhecidos,
    sejam-me a mim permitidos,
    se em ser besta está a ganância.

9 Alto pois com planta presta
    me vou ao Dique botar,
    e ou me hei de nele afogar,
    ou também hei de ser besta:
    do bico do pé à testa
    lavei as carnes, e os ossos:
    ei-los vêm com alvoroços

todos para mim correndo,
  ei-los me abraçam, dizendo,
  agora sim, que é dos nossos.

10 Dei por besta em mais valer,
  um me serve, outro me presta;
  não sou eu de todo besta,
  pois tratei de o parecer:
  assim vim a merecer
  favores, e aplausos tantos
  pelos meus néscios encantos,
  que enfim, e por derradeiro
  fui galo de seu poleiro,
  e lhes dava os dias santos.

11 Já sou na terra bem visto,
  louvado, e engrandecido,
  já passei de aborrecido
  ao auge de ser benquisto:
  já entre os grandes me alisto,
  e amigos são, quando topo,
  estou fábula de Esopo
  vendo falar animais,
  e falando eu que eles mais,
  bebemos todos num copo.

12 Seja pois a conclusão
  que eu me pus aqui a escrever,
  o que devia fazer,
  mas que tal faça, isso não:
  decrete a divina mão,
  influam malignos fados,
  seja eu entre os desgraçados
  exemplo de desventura:
  não culpem minha cordura,
  que eu sei, que são meus pecados.

Sacode a outros, que pecavam na presunção, e atrevimento indigno.

1 Um vendelhão baixo, e vil
   de cornos pôs uma tenda,
   e confiado, em que os venda,
   corre por todo o Brasil:
   para mim de tantos mil
   lhe mandei, que me guardasse,
   se verdade não falasse
   em sobrosso, e com sojorno:
   Um corno.

2 Para o Alcaide ladrão
   com despejo, e com temor,
   que na mão leva o Doutor,
   na barriga a Relação:
   indo à casa de um Sansão
   entra audaz, e confiado,
   e faz penhora no estado
   da mulher, e seus adornos:
   dois cornos.

3 Para o escrivão falsário,
   que sem chegar-lhe à pousada,
   dando a parte por citada,
   dá fé, e cobra o salário:
   e sendo o feito ordinário,
   como corre à revelia,
   sai a sentença num dia
   mais amarga que piornos:
   três cornos.

4 Para o Julgador Orate
 ignorante, e fanfarrão,
 que sendo Conde de Unhão,
 já quer ser Marquês de Unhate:
 e por qualquer dou-te, ou dá-te
 resolve do invés um feito
 e assola a torto, e direito
 a cidade, e seus contornos:
 quatro cornos.

5 Para o Judas Macabeu,
 que porque na tribo estriba,
 foi de Capitão a Escriba,
 e de Escriba a Fariseu:
 pois no ofício se meteu
 a efeito só de comer,
 sufrágios, que em vez de os ter,
 quer antes arder em fornos:
 cinco cornos.

6 Para o bêbado mestiço,
 e fidalgo atravessado,
 que tendo o pernil tostado,
 cuida, que é branco castiço:
 e de flatos enfermiço
 se ataca de jeribita,
 crendo, que os flatos lhe quita,
 quando os vomita em retornos:
 seis cornos.

7 Para o Cônego observante
 todo o dia, e toda a hora,
 cuja carne é pecadora
 das completas por diante:

cara de disciplinante,
queixadas de penitente,
e qualquer jimbo corrente
serve para seus subornos:
sete cornos.

8 Para as Damas da Cidade
Brancas, Mulatas, e Pretas,
que com sortílegas tretas
roubam toda a liberdade:
e equivocando a verdade
dizem, que são um feitiço,
não o tendo em o cortiço
tanto como caldos mornos:
oito cornos.

9 Para o Frade confessor,
que ouvindo um pecado horrendo
se vai pasmado benzendo,
fugindo do pecador:
e sendo talvez pior
do que eu, não quer absolver-me,
talvez porque inveja ver-me
com tão torpes desadornos:
nove cornos.

10 Para o Pregador horrendo,
que a Igreja esturgindo a gritos,
nem ele entende os seus ditos,
nem eu também os entendo:
e a vida, que está vivendo,
é lá por outra medida,
e a mim me giza uma vida
mais amarga, que piornos:
dez cornos.

11 Para o Santo da Bahia,
   que murmura do meu verso,
   sendo ele tão perverso,
   que a saber fazer faria:
   e quando a minha Talia
   lhe chega às mãos, e ouvidos
   faz na cidade alaridos,
   e vai gostá-la aos contornos:
   mil cornos.

Defende o Poeta por seguro, necessário, e recto seu primeiro intento sobre satirizar os vícios.

Eu sou aquele, que os passados anos
cantei na minha lira maldizente
torpezas do Brasil, vícios, e enganos.

E bem que os decantei bastantemente,
canto segunda vez na mesma lira
o mesmo assunto em plectro diferente.

Já sinto, que me inflama, ou que me inspira
Talia, que Anjo é da minha guarda,
Dês que Apolo mandou, que me assistira.

Arda Baiona*, e todo o mundo arda,
Que, a quem de profissão falta à verdade,
Nunca a Dominga das verdades tarda.

Nenhum tempo excetua a Cristandade
Ao pobre pegureiro do Parnaso
Para falar em sua liberdade.

A narração há de igualar ao caso,
E se talvez ao caso não iguala,
Não tenho por Poeta, o que é Pegaso.

De que pode servir calar, quem cala,
Nunca se há de falar, o que se sente?
Sempre se há de sentir, o que se fala!

---

*Cidade da Galiza ou, como substantivo comum, "urtiga". (*N. do E.*)

Qual homem pode haver tão paciente,
Que vendo o triste estado da Bahia,
Não chore, não suspire, e não lamente?

Isto faz a discreta fantesia:
Discorre em um, e outro desconcerto,
Condena o roubo, e increpa a hipocrisia.

O néscio, o ignorante, o inexperto,
Que não elege o bom, nem mau reprova,
Por tudo passa deslumbrado, e incerto.

E quando vê talvez na doce trova
Louvado o bem, e o mal vituperado,
A tudo faz focinho, e nada aprova.

Diz logo prudentaço, e repousado,
Fulano é um satírico, é um louco,
De língua má, de coração danado.

Néscio: se disso entendes nada, ou pouco,
Como mofas com riso, e algazarras
Musas, que estimo ter, quando as invoco?

Se souberas falar, também falaras,
Também satirizaras, se souberas,
E se foras Poeta, poetizaras.

A ignorância dos homens destas eras
Sisudos faz ser uns, outros prudentes,
Que a mudez canoniza bestas feras.

Há bons, por não poder ser insolentes,
Outros há comedidos de medrosos,
Não mordem outros não, por não ter dentes.

Quantos há, que os telhados têm vidrosos,
E deixam de atirar sua pedrada
De sua mesma telha receosos.

Uma só natureza nos foi dada:
Não criou Deus os naturais diversos,
Um só Adão formou, e esse de nada.

Todos somos ruins, todos perversos,
Só nos distingue o vício, e a virtude,
De que uns são comensais, outros adversos.

Quem maior a tiver, do que eu ter pude,
Esse só me censure, esse me note,
calem-se os mais, chitom*, e haja saúde.

---

*Silêncio. (*N. do E.*)

EM TEMPO QUE GOVERNAVA ESTA CIDADE DA BAHIA O MARQUÊS DAS MINAS AJUIZA O POETA COM SUBTILEZA DE HOMEM SAGAZ, E ENTENDIDO O FOGO SELVAGEM, QUE POR MEIO DA URBANIDADE SE INTRODUZIU EM CERTA CASA.

1 Cansado de vos pregar
   cultíssimas profecias,
   quero das culteranias
   hoje o hábito enforcar:
   de que serve arrebentar,
   por quem de mim não tem mágoa?
   verdades direi como água,
   porque todos entendais
   os ladinos, e os boçais
   a Musa praguejadora.
   Entendeis-me agora?

2 O falar de intercadência
   entre silêncio, e palavra,
   crer, que a testa se vos abra,
   e encaixar-vos, que é prudência:
   alerta homens de Ciência,
   que quer o Xisgaravis,
   que aquilo, que vos não diz
   por lho impedir a rudeza,
   avalieis madureza,
   sendo ignorância traidora.
   Entendeis-me agora?

3 Se notais ao mentecapto
   a compra do Conselheiro,
   o que nos custa dinheiro,
   isso nos sai mais barato:
   e se da mesa do trato,
   de bolsa, ou da companhia
   virdes levar Senhoria
   mecânicos deputados;
   crede, que nos seus cruzados
   sangue esclarecido mora.
   Entendeis-me agora?

4 Se hoje vos fala de perna,
   quem ontem não pôde ter
   ramo, de quem descender
   mais que o da sua taverna:
   tende paciência interna,
   que foi sempre D. Dinheiro
   poderoso Cavalheiro,
   que com poderes iguais
   faz iguais aos desiguais,
   e Conde ao vilão cad'hora.
   Entendeis-me agora?

5 Se na comédia, ou sainete
   virdes, que um D. Fidalgote
   lhe dá no seu camarote
   a xícara de sorvete:
   havei dó do coitadete,
   pois numa xícara só
   seu dinheiro bebe em pó,
   que o Senhor (cousa é sabida)
   lhe dá a chupar a bebida,
   para chupá-la num'hora.
   Entendeis-me agora?

6 Não reputeis por favor,
  nem tomeis por maravilha
  vê-lo jogar a espadilha
  co Marquês, co grão Senhor:
  porque como é perdedor,
  e mofino adredemente,
  e faz um sangue excelente
  a qualquer dos ganhadores,
  qualquer daqueles Senhores
  por fidalgo igual o adora.
  Entendeis-me agora.

Contemplando nas cousas do mundo desde o seu retiro, lhe atira com o seu apage, como quem a nado escapou da tromenta.

Neste mundo é mais rico, o que mais rapa:
Quem mais limpo se faz, tem mais carepa:
Com sua língua ao nobre o vil decepa:
O Velhaco maior sempre tem capa.

Mostra o patife da nobreza o mapa:
Quem tem mão de agarrar, ligeiro trepa;
Quem menos falar pode, mais increpa:
Quem dinheiro tiver, pode ser Papa.

A flor baixa se inculca por Tulipa;
Bengala hoje na mão, ontem garlopa:
Mais isento se mostra, o que mais chupa.

Para a tropa do trapo vazo a tripa,*
E mais não digo, porque a Musa topa
Em apa, epa, ipa, opa, upa.

---

*Termo chulo: "pouco me importo". (*N. do E.*)

Viu uma manhã de Natal as três irmãs,
a cujas vistas fez as seguintes décimas.

1 Numa manhã tão serena
  como entre tanto arrebol
  pode caber tanto sol
  em esfera tão pequena?
  quem aos pasmos me condena
  da dúvida há de tirar-me,
  e há de mais declarar-me,
  como pode ser ao certo
  estar eu hoje tão perto
  de três sóis, e não queimar-me.

2 Onde eu vi duas Auroras
  com tão claros arrebóis,
  que muito visse dois sóis
  nos raios de três Senhoras:
  mas se as matutinas horas,
  que Deus para aurora fez,
  tinham passado esta vez,
  como pode ser, que ali
  duas auroras eu vi,
  e os sóis eram mais de três?

3 Se lhes chamo estrelas belas,
  mais cresce a dificuldade,
  pois perante a majestade
  do sol não luzem estrelas:
  seguem-se-me outras sequelas,
  que dão mais força à questão,

com que eu nesta ocasião
peço à Luz, que me conquista,
que ou me desengane a vista,
ou me tire a confusão.

4 Ou eu sou cego em verdade,
e a luz dos olhos perdi,
ou tem a luz, que ali vi,
mais questão, que a claridade:
cego de natividade
me pode o mundo chamar,
pois quando vim visitar
a Deus em seu nascimento,
me aconteceu num momento,
vendo a três luzes, cegar.

Ao mesmo assunto.

Debuxo singular, bela pintura,
Adonde a Arte hoje imita a Natureza,
A quem emprestou cores a Beleza,
A quem infundiu alma a Formosura.

Esfera breve: aonde por ventura
O Amor, com assombro, e com fineza
Reduz incompreensível gentileza,
E em pouca sombra, muita luz apura.

Que encanto é este tal, que equivocada
Deixa toda a atenção mais advertida
Nessa cópia à Beleza consagrada?

Pois ou bem sem engano, ou bem fingida
No rigor da verdade estás pintada,
No rigor da aparência estás com vida.

Pondera agora com mais atenção a formosura de D. Ângela.

Não vi em minha vida a formosura,
Ouvia falar nela cada dia,
E ouvida me incitava, e me movia
A querer ver tão bela arquitetura.

Ontem a vi por minha desventura
Na cara, no bom ar, na galhardia
De uma Mulher, que em Anjo se mentia,
De um Sol, que se trajava em criatura.

Me matem (disse então vendo abrasar-me)
Se esta a cousa não é, que encarecer-me.
Sabia o mundo, e tanto exagerar-me.

Olhos meus (disse então por defender-me)
Se a beleza hei de ver para matar-me,
Antes, olhos, cegueis, do que eu perder-me.

Rompe o Poeta com a primeira impaciência
querendo declarar-se e temendo
perder por ousado.

Anjo no nome, Angélica na cara,
Isso é ser flor, e Anjo juntamente,
Ser Angélica flor, e Anjo florente,
Em quem, senão em vós se uniformara?

Quem veria uma flor, que a não cortara
De verde pé, de rama florescente?
E quem um Anjo vira tão luzente,
Que por seu Deus, o não idolatrara?

Se como Anjo sois dos meus altares,
Fôreis o meu custódio, e minha guarda,
Livrara eu de diabólicos azares.

Mas vejo, que tão bela, e tão galharda,
Posto que os Anjos nunca dão pesares,
Sois Anjo, que me tenta, e não me guarda.

Segunda impaciência do Poeta.

Cresce o desejo, falta o sofrimento,
Sofrendo morro, morro desejando,
Por uma, e outra parte estou penando
Sem poder dar alívio a meu tormento.

Se quero declarar meu pensamento,
Está-me um gesto grave acobardando,
E tenho por melhor morrer calando,
Que fiar-me de um néscio atrevimento.

Quem pertende alcançar, espera, e cala,
Porque quem temerário se abalança,
Muitas vezes o amor o desiguala.

Pois se aquele, que espera sempre alcança,
Quero ter por melhor morrer sem fala,
Que falando, perder toda esperança.

Pertende agora persuadir a um ribeirinho a que não corra, temendo, que se perca: que é mui próprio de um louco enamorado querer que todos sigam o seu capricho, e resolve a cobiçar-lhe a liberdade.

Como corres, arroio fugitivo?
Adverte, para, pois precipitado
Corres soberbo, como o meu cuidado,
Que sempre a despenhar-se corre altivo.

Torna atrás, considera discursivo,
Que esse curso, que levas apressado,
No caminho, que emprendes despenhado
Te deixa morto, e me retrata ao vivo.

Porém corre, não pares, pois o intento,
Que teu desejo conseguir procura,
Logra o ditoso fim do pensamento.

Triste de um pensamento sem ventura!
Que tendo venturoso o nascimento,
Não acha assim ditosa a sepultura.

Solitário em seu mesmo quarto a vista da luz do candeeiro porfia o Poeta pensamentear exemplos de seu amor na barboleta.

Ó tu do meu amor fiel traslado
Mariposa entre as chamas consumida,
Pois se à força do ardor perdes a vida,
A violência do fogo me há prostrado.

Tu de amante o teu fim hás encontrado,
Essa flama girando apetecida;
Eu girando uma penha endurecida,
No fogo, que exalou, morro abrasado.

Ambos de firmes anelando chamas,
Tu a vida deixas, eu a morte imploro
Nas constâncias iguais, iguais nas chamas.

Mas ai! que a diferença entre nós choro,
Pois acabando tu ao fogo, que amas,
Eu morro, sem chegar à luz, que adoro.

Ao Rio de Caípe recorre queixoso o Poeta de que sua senhora admite por esposo outro sujeito.

Suspende o curso, ó Rio, retrocido,
Tu, que vens a morrer, adonde eu morro,
Enquanto contra amor me dá socorro
Algum divertimento, algum olvido.

Não corras lisonjeiro, e divertido,
Quando em fogo de amor a ti recorro,
E quando o mesmo incêndio, em que me torro,
Teu vizinho cristal tem já vertido.

Pois já meu pranto inunda teus escolhos,
Não corras, não te alegres, não te rias,
Nem prateies verdores, cinge abrolhos.

Que não é bem, que tuas águas frias,
Sendo o pranto chorado dos meus olhos,
Tenham que rir em minhas agonias.

Vagava o Poeta por aqueles retiros filosofando em sua desdita sem poder desapegar as harpias de seu justo sentimento.

Quem viu mal como o meu sem meio ativo!
Pois no que me sustenta, e me maltrata,
É fero, quando a morte me dilata,
Quando a vida me tira, é compassivo.

Oh do meu padecer alto motivo!
Mas oh do meu martírio pena ingrata!
Uma vez inconstante, pois me mata,
Muitas vezes cruel, pois me tem vivo.

Já não há de remédio confianças;
Que a morte a destruir não tem alentos,
Quando a vida empenar não tem mudanças.

E quer meu mal dobrando os meus tormentos,
Que esteja morto para as esperanças,
E que ande vivo para os sentimentos.

Ao pé daquele penhasco lacrimoso que já dissemos pertende moderar seu sentimento, e resolve, que a soledade o não alivia.

Na parte da espessura mais sombria,
Onde uma fonte de um rochedo nasce,
Com os olhos na fonte, a mão na face,
Sentado o Pastor Sílvio assim dizia.

Ai como me mentiu a fantasia!
Cuidando nesta estância repousasse!
Que muito a sede nunca mitigasse,
Se cresce da saudade a hidropisia.

Solte o Zéfiro brando os seus alentos,
E excite no meu peito amantes fráguas,
Que subam da corrente os movimentos.

Que é tirana oficina para as mágoas
Ouvir nas folhas combater os ventos,
Por entre as pedras murmurar as águas.

Descreve a jocosidade, com que as Mulatas do Brasil bailam o Paturi.

Ao som de uma guitarrilha,
que tocava um colomim
vi bailar na Água Brusca
as Mulatas do Brasil:
Que bem bailam as Mulatas,
que bem bailam o Paturi!

Não usam de castanhetas,
porque cos dedos gentis
fazem tal estropeada,
que de ouvi-las me estrugi:
Que bem bailam as Mulatas,
que bem bailam o Paturi.

Atadas pelas virilhas
cuma cinta carmesim,
de ver tão grandes barrigas
lhe tremiam os quadris.
Que bem bailam as Mulatas,
que bem bailam o Paturi.

Assim as saias levantam
para os pés lhes descobrir,
porque sirvam de ponteiros
à discípula aprendiz,
Que bem bailam as Mulatas,
que bem bailam o Paturi.

Descreve a caçada que fizeram com ele seus
amigos na Vila de S. Francisco a uma
porca rebelde.

1 Amanheceu quarta-feira
com face serena, airosa
o famoso André Barbosa
honra da nossa fileira;
por uma, e outra ladeira
desde a marinha até a praça
nos bateu com tanta graça,
que com razões admirandas
nos tirou dentre as holandas
para levar-nos à caça.

2 O lindo Afonso Barbosa,
que dos nobres Francas é,
por Filho do dito André
rama ilustre, e generosa:
já da campanha frondosa
os matos mais escondidos
alvoroçava a latidos,
quando nós de mal armados
à vista dele assentados
nos vimos todos corridos.

3 Rasgou um porco da serra,
e foi tal a confusão,
que em sua comparação
menino de mama é a guerra:
depois de correr a terra,
e de ter os cães cansados

   com passos desalentados
   à nossa estância vieram,
   onde casos sucederam
   jamais vistos, nem contados.

4 Estava eu de uma grimpa
   vendo a caça por extenso,
   não a fez limpa Lourenço,
   e só a porca a fez limpa:
   porque como tudo alimpa
   de cães, e toda a mais gente,
   Lourenço intrepidamente
   se pôs, e o primeiro emborco
   mão por mão aos pés do porco
   veio a cair sujamente.

5 Tanto que a fera investiu,
   tentado de valentão
   armou-se-lhe a tentação,
   e na tentação caiu:
   a espada também se viu
   cair na estrada, ou na rua,
   e foi sentença comua,
   que nesta tragédia rara
   a espada se envergonhara
   de ver-se entre os homens nua.

6 Lourenço ficou mamado,
   e inda não tem decidido
   se está pior por ferido
   da porca, se por beijado:
   má porca te beije – é fado
   muito mau de se passar,

e quem tal lhe foi rogar,
   foi com traça tão sutil,
   que a porca entre Adônis mil
   só Lourenço quis beijar.

7 Lourenço, na terra jaz,
   e conhecendo o perigo
   deu à porca mão de amigo,
   com o que se punha em paz:
   a porca, que é contumaz,
   e estava enfadada dele,
   nenhuma paz quis com ele,
   mas botando-lhe uma ronca
   por milagre o não destronca,
   e inda assim chegou-lhe à pele.

8 Ia Inácio na quadrilha,
   e tão de Adônis blasona,
   que diz, que a porca fanchona
   o investiu pela barguilha:
   virou-lhe de sorte a quilha,
   que cuidei, que o naufragava:
   porém tantos gritos dava,
   que infeliz piloto em charco
   a vara botava o barco,
   quando o porco a lanceava.

9 Inácio nestes baldões
   teve tanto medo, e tal,
   que aos narizes deu sinal
   de mau cheiro dos calções:
   trouxe na meia uns pontões
   tão grandes, e em tal maneira,

    que à guerra hão de ir por bandeira,
    onde por armas lhe dão
    em escudo lamarão
    uma porca costureira.

10 Miguel de Oliveira ia
    com dianteira alentada,
    de porcos era a caçada,
    e o que fez, foi porcaria:
    quando o bruto o investia,
    ele com pé diligente
    se afastava incontinenti,
    com que o julgas desta vez
    por mui ligeiro de pés,
    e de mãos por mui prudente.

11 Pissarro sobre um penedo
    vendo a batalha bizarra
    era Pissarro em piçarra,
    que val medo sobre medo:
    nunca vi homem tão quedo
    em batalha tão campal;
    porém como é figadal
    amigo, hei de desculpá-lo,
    com que nunca fez abalo
    do seu posto um General.

12 Frei Manuel me espantou,
    que o demo o ia tentando,
    mas vi, que a espada tomando
    logo se desatentou:
    incontinenti a largou,
    porque soube ponderar,

que ficava irregular
matando o animal na tola,
de que só o Mestre-Escola
o podia dispensar.

13 O Vigário se houve aqui
cuma tramoia aparente,
pois fingiu ter dor de dente,
temendo os do Javali:
porém folga, zomba, e ri
ouvindo o sucesso raro,
e dando-lhe um quarto em claro
os amigos confidentes,
à fé, que teve ele dentes
para comer do Javaro.

14 Cosme de Moura esta vez
botou as chinelas fora,
como se ver a Deus fora
sobre a sarça de Moisés:
tudo viu, e nada fez,
tudo conta, e escarnece,
com que mais o prazer cresce,
quando o remedo interpreta
Lourenço, a quem fez Poeta
um amor, que o endoudece.

15 O Silvestre neste dia
ficou metido num nicho,
porque como a porca é bicho,
cuidou, que sapo seria:
mas agora quando ouvia
o desar dos derrubados,

mostrava os bofes lavados
   de puras risadas morto,
   porque sempre vi, que um torto
   gosta de ver corcovados.

16 Bento, que tudo derriba,
   qual valentão sem receio,
   pondo agora o mar em meio,
   fugiu para a Cajaíba:
   não quis arriscar a giba
   nos afilados colmilhos
   de Javardos tão novilhos,
   e se o deixa de fazer,
   por ter filhos, e mulher,
   que mau é dar caça aos filhos?

17 Eu, e o Morais as corridas
   por outra via tomamos,
   e quando ao porco chegamos,
   foi ao atar das feridas:
   co as mentiras referidas
   de uma, e outra arma donzela
   se nos deu a taramela;
   nós calando, só dissemos,
   se em taverna não bebemos,
   ao menos folgamos nela.

LISONJEIA OUTRA VEZ IMPACIENTE A RETENÇÃO DE SUA MESMA DESGRAÇA, ACONSELHANDO A ESPOSA NESTE REGALADO SONETO.

Discreta, e formosíssima Maria,
Enquanto estamos vendo a qualquer hora
Em tuas faces a rosada Aurora,
Em teu olhos, e boca o Sol, e o dia:

Enquanto com gentil descortesia
O ar, que fresco Adônis te namora,
Te espalha a rica trança voadora,
Quando vem passear-te pela fria:

Goza, goza da flor da mocidade,
Que o tempo trota a toda ligeireza,
E imprime em toda a flor sua pisada.

Oh não aguardes, que a madura idade
Te converta em flor, essa beleza
Em terra, em cinza, em pó, em sombra, em nada.

Outra imagem não menos elegante da matéria antecedente.

Horas contando, numerando instantes,
Os sentidos à dor, e à glória atentos,
Cuidados cobro, acuso pensamentos,
Ligeiros à esperança, ao mal constantes.

Quem partes concordou tão dissonantes?
Quem sustentou tão vários sentimentos?
Pois para glória excedem de tormentos,
Para martírio ao bem são semelhantes.

O prazer com a pena se embaraça;
Porém quando um com outro mais porfia,
O gosto corre, a dor apenas passa.

Vai ao tempo alterando à fantesia,
Mas sempre com ventagem na desgraça,
Horas de inferno, instantes de alegria.

Quis o Poeta embarcar-se para a cidade e antecipando a notícia à sua senhora, lhe viu umas derretidas mostras de sentimento em verdadeiras lágrimas de amor.

Ardor em coração firme nascido!
Pranto por belos olhos derramado!
Incêndio em mares de água disfarçado!
Rio de neve em fogo convertido!

Tu, que um peito abrasas escondido,
Tu, que em um rosto corres desatado,
Quando fogo em cristais aprisionado,
Quando cristal em chamas derretido.

Se és fogo como passas brandamente?
Se és neve, como queimas com porfia?
Mas ai! que andou Amor em ti prudente.

Pois para temperar a tirania,
Como quis, que aqui fosse a neve ardente,
Permitiu, parecesse a chama fria.

Eterniza o Poeta aquelas lágrimas com os primores excelentes do seu milagroso engenho.

1 Lágrimas afetuosas
   brandamente derretidas,
   o que tendes de afligidas,
   tendes de mais poderosas:
   sendo vós tão carinhosas,
   quão tristes me pareceis,
   que muito, que me abrandeis,
   quando ausentar-me sentis,
   se por me cobrar saís,
   e em busca de mim correis?

2 Se correis tão descontentes,
   onde ides tão apressadas?
   e se andais tão recatadas,
   como assim sois tão correntes?
   Sendo essas vossas enchentes
   formosíssimo embaraço,
   que muito, que ao descompasso
   de um ciúme enfurecido
   nessa corrente detido
   logo então perdesse o passo?

3 De ver, que vos afligistes,
   que ufano fiquei então,
   que alegre o meu coração,
   meus olhos, de ver-vos tristes:
   com razão vos persuadistes
   de formar-me um novo encanto

no vosso chorar, porquanto
   a fé, com que vos adoro,
   se alegre no vosso choro,
   se banha no vosso pranto.

4 Vendo, que eram desafogo
   lágrimas da vossa mágoa,
   o que era nos olhos água,
   no peito vi, que era fogo:
   logo vi, e entendi logo,
   que como a um tronco acontece,
   que ali arde, e cá umedece,
   assim vós num choro brando
   saís aos olhos, já quando
   incêndios a alma padece.

5 Lágrimas, grande seria
   uma dor, que vos condena,
   que à custa da vossa pena
   comprais a minha alegria:
   e pois da melancolia,
   que tive em tão tristes horas
   haveis sido as redentoras,
   do gosto, que me heis comprado
   tanto à custa do chorado,
   com razão sereis senhoras.

6 Sereis, pelo que agradastes,
   lágrimas aljofaradas,
   eternamente lembradas
   destes olhos, que alegrastes:
   se por mim vos derramastes,
   e à custa de vossos brios

por entre tantos desvios
   me buscais, fora desar,
   não ser meus olhos um mar,
   para recolher dois rios.

7 Lágrimas, que em vossas dores
   dizíeis emudecidas
   finezas jamais ouvidas
   de nunca vistos amores:
   pois que de vossos primores
   tão subido é o arrebol,
   basta, que do seu crisol
   saia esta fineza enfim,
   que eu vi triste um serafim,
   e choroso o mesmo sol.

8 Eternamente aplaudidas,
   sereis, lágrimas formosas,
   pois deixais de ser ditosas
   só por ser por mim vertidas:
   se o valor de agradecidas
   bastar a vossos matizes,
   contra a nota de infelizes
   podeis rir-vos de choradas,
   porque de gratificadas
   sois no mundo as mais felizes.

AO MESMO ASSUNTO E NA MESMA OCASIÃO.

Corrente, que do peito desatada
Sois por dois belos olhos despedida,
E por carmim correndo desmedida
Deixais o ser, levais a cor mudada.

Não sei, quando caís precipitada
As flores, que regais, tão parecida,
Se sois neves por rosa derretida,
Ou se a rosa por neve desfolhada.

Essa enchente gentil de prata fina,
Que de rubi por conchas se dilata,
Faz troca tão diversa, e peregrina,

Que no objeto, que mostra, e que retrata,
Mesclando a cor purpúrea, e cristalina,
Não sei, quando é rubi, ou quando é prata.

CASADO JÁ O POETA, ENTRA AGORA POR RAZÃO DE
HONESTIDADE A MUDAR-LHE O NOME NAS OBRAS
SEGUINTES. LIZONJEIA-LHE O REPOUSO EM UM DOS
PRIMEIROS DIAS DO NOIVADO NO SÍTIO DE MARAPÉ.

À margem de uma fonte, que corria
Lira doce dos pássaros cantores
A bela ocasião das minhas dores
Dormindo estava ao despertar do dia.

Mas como dorme Sílvia, não vestia
O Céu seus horizontes de mil cores;
Dominava o silêncio sobre as flores,
Calava o mar, e rio não se ouvia.

Não dão o parabém à bela Aurora
Flores canoras, pássaros fragrantes,
Nem seu âmbar respira a rica Flora.

Porém abrindo Sílvia os dois diamantes,
Tudo à Sílvia festeja, e tudo a adora
Aves cheirosas, flores ressonantes.

CONTRA OUTROS SATIRIZADOS DE VÁRIAS PENAS
QUE O ATRIBUIRAM AO POETA, NEGANDO-LHE A
CAPACIDADE DE LOUVAR.

1 Saiu a sátira má,
   e empurraram-ma os perversos
   que nisto de fazer versos
   eu só tenho jeito cá:
   noutras obras de talento
   eu sou só o asneirão,
   em sendo sátira, então
   eu só tenho entendimento.

2 Acabou-se a Sé, e envolto
   na obra o Sete Carreiras
   enfermou de caganeiras,
   e fez muito verso solto:
   tu, que o Poeta motejas,
   sabe, que andou acertado
   que pôr na obra louvado
   é costume das Igrejas.

3 Correm-se muitos carneiros
   na festa das Onze mil,*
   e eu com notável ardil
   não vou ver os cavaleiros:
   não vou ver, e não se espantem,
   que algum testemunho temo,
   sou velho, pelo que gemo,
   não quero, que mo levantem.

---
*Referência à confraria da Virgem ou das Onze Mil Virgens ou Santas Virgens, criada em Salvador, em 1584. (*N. do E.*)

4 Querem-me aqui todos mal,
mas eu quero mal a todos,
eles, e eu por nossos modos
nos pagamos tal por qual:
e querendo eu mal a quantos
me têm ódio tão veemente
o meu ódio é mais valente,
pois sou só, e eles são tantos.

5 Algum amigo, que tenho,
(se é, que tenho algum amigo)
me aconselha, que, o que digo,
o cale com todo o empenho:
este me diz, diz-me estoutro,
que me não fie daquele,
que farei, se me diz dele,
que me não fie aqueloutro.

6 O Prelado com bons modos
visitou toda a cidade,
é cortesão na verdade,
pois nos visitou a todos:
visitou a pura escrita
o Povo, e seus comarcãos,
e os réus de mui cortesãos
hão de pagar a visita.

7 A Cidade me provoca
com virtudes tão comuas:
há tantas cruzes nas ruas,
quantas eu faço na boca:
os diabos a seu centro
foi cada um por seu cabo,
nas ruas não há um diabo,
há os das portas a dentro.

8 As damas de toda a cor
como tão pobre me veem
as mais lástima me têm,
as menos me têm amor:
o que me tem admirado
é, fecharam-me o poleiro
logo acabado o dinheiro,
deviam ter-mo contado.

Escandalizado o Poeta da sátira antecedente, e ser publicada em nome do Vigário de Passé Lourenço Ribeiro homem pardo, quando ele estava inocente da factura dela, e calava porque assim convinha: lhe assenta agora o Poeta o cacheiro com esta petulante sátira.

1 Um Branco muito encolhido,
   um Mulato muito ousado,
   um Branco todo coitado,
   um canaz todo atrevido:
   o saber muito abatido,
   a ignorância, e ignorante
   mui ufano, e mui farfante
   sem pena, ou contradição:
   milagres do Brasil são.

2 Que um Cão revestido em Padre
   por culpa da Santa Sé
   seja tão ousado, que
   contra um Branco ousado ladre:
   e que esta ousadia quadre
   ao Bispo, ao Governador,
   ao Cortesão, ao Senhor,
   tendo naus no Maranhão:
   milagres do Brasil são.

3 Se a este podengo asneiro
   o Pai o alvanece já,
   a Mãe lhe lembre, que está
   roendo em um tamoeiro:
   que importa um branco cueiro,

se o cu é tão denegrido!
   mas se no misto sentido
   se lhe esconde a negridão:
   milagres do Brasil são.

4 Prega o Perro frandulário,*
   e como a licença o cega,
   cuida, que em púlpito prega,
   e ladra num campanário:
   vão ouvi-lo de ordinário
   Tios, e Tias do Congo,
   e se suando o mondongo
   eles só gabos lhe dão:
   milagres do Brasil são.

5 Que há de pregar o cachorro,
   sendo uma vil criatura,
   se não sabe da escritura
   mais que aquela, que o pôs forro?
   quem lhe dá ajuda, e socorro,
   são quatro sermões antigos,
   que lhe vão dando os amigos,
   e se amigos tem um cão:
   milagres do Brasil são.

6 Um cão é o timbre maior
   da Ordem predicatória,
   mas não acho em toda história,
   que o cão fosse pregador:
   se nunca falta um Senhor,
   que lhe alcance esta licença

---

*Forasteiro, estrangeiro ou integrante de um bando de maltrapilhos. (*N. do E.*)

a Lourenço por Lourença,
que as Pardas tudo farão:
milagres do Brasil são.

7 Já em versos quer dar penada,
e porque o gênio desbrocha,
como cão a troche-mocha*
mete unha e dá dentada:
o Perro não sabe nada,
e se com pouca vergonha
tudo abate, é, porque sonha,
que sabe alguma questão:
milagres do Brasil são.

8 Do Perro afirmam Doutores,
que fez uma apologia
ao Mestre da poesia,
outra ao sol dos Pregadores:
se da lua aos resplandores
late um cão a noite inteira,
e ela seguindo a carreira
luz sem mais ostentação:
milagres do Brasil são.

9 Que vos direi do Mulato,
que vos não tenha já dito,
se será amanhã delito
falar dele sem recato:
não faltará um mentecapto,
que como vilão de encerro
sinta, que deem no seu perro,
e se porta como um cão:
milagres do Brasil são.

---

*Desordenadamente. (*N. do E.*)

10 Imaginais, que o insensato
do canzarrão fala tanto,
porque sabe tanto, ou quanto,
não, senão porque é mulato:
ter sangue de carrapato
ter estoraque* de congo
cheirar-lhe a roupa a mondongo
é cifra de perfeição:
milagres do Brasil são.

---

*Imprudente, leviano. (*N. do E.*)

A certo homem presumido; que afectava fidalguias por enganosos meios.

Bote a sua casaca de veludo,
E seja Capitão sequer dous dias,
Converse à porta de Domingos Dias,
Que pega fidalguia mais que tudo.

Seja um magano, um pícaro abelhudo,
Vá a palácio, e após das cortesias
Perca quando ganhar nas mercancias,
E em que perca o alheio, esteja mudo.

Sempre se ande na caça, e montaria,
Dê nova locução, novo epíteto,
E digo-o sem propósito à porfia;

Que em dizendo: "facção, pretexto, efecto"
Será no entendimento da Bahia
Mui fidalgo, mui rico, e mui discreto.

Ao mesmo sujeito pelos mesmos atrevimentos.

Faça mesuras de A com pé direito,
Os beija-mãos de gafador de pela,
Saiba a todo o cavalo a parentela,
O criador, o dono, e o defeito.

Se o não souber, e vir rocim de jeito,
Chame o lacaio, e posto na janela,
Mande, que lho passeie a mor cautela,
Que inda que o não entenda, se há respeito.

Saia na armada, e sofra paparotes,
Damas ouça tanger, não as fornique,
Lembre-lhe sempre a quinta, o potro, o galgo:

Que com isto, e o favor de quatro asnotes
De bom ouvir, e crer se porá a pique
De um dia amanhecer um grão fidalgo.

Aos principais da Bahia chamados os Caramurus.

Há cousa como ver um Paiaiá*
Mui prezado de ser Caramuru,**
Descendente de sangue de Tatu,
Cujo torpe idioma é cobé pá.

A linha feminina é carimá
Moqueca, pititinga caruru
Mingau de puba, e vinho de caju
Pisado num pilão de Piraguá.

A masculina é um Aricobé
Cuja filha Cobé um branco Paí
Dormiu no promontório de Passé.

O Branco era um marau, que veio aqui,
Ela era uma Índia de Maré
Cobé pá, Aricobé, Cobé Paí.

---
*Pajé. (*N. do E.*)
**Raça branca. (*N. do E.*)

Ao mesmo assunto.

Um calção de pindoba a meia zorra
Camisa de Urucu, mantéu de Arara,
Em lugar de cotó* arco, e taquara,
Penacho de Guarás em vez de gorra.

Furado o beiço, e sem temor que morra,
O pai, que lho envazou cuma titara,
Senão a Mãe, que a pedra lhe aplicara,
A reprimir-lhe o sangue, que não corra.

Animal sem razão, bruto sem fé,
Sem mais Leis, que as do gosto, quando erra,
De Paiaiá virou-se em Abaeté.

Não sei, onde acabou, ou em que guerra,
Só sei, que deste Adão de Massapé,
Procedem os fidalgos desta terra.

---
*Espadim. (*N. do E.*)

ÀS RELIGIOSAS QUE EM UMA FESTIVIDADE, QUE CELEBRARAM, LANÇARAM A VOAR VÁRIOS PASSARINHOS.

Meninas, pois é verdade,
não falando por brinquinhos,
que hoje aos vossos passarinhos
se concede liberdade:
fazei-me nisto a vontade
de um passarinho me dar,
e não o deveis negar,
que espero não concedais,
pois é dia, em que deitais
passarinhos a voar.

A outra freira, que satirizando a delgada fisionomia do Poeta lhe chamou Pica-flor.

Se Pica-flor me chamais,
Pica-flor aceito ser,
mas resta agora saber,
se no nome, que me dais,
meteis a flor, que guardais
no passarinho melhor!
se me dais este favor,
sendo só de mim o Pica,
e o mais vosso, claro fica,
que fico então Pica-flor.

Loucuras que fazia este sujeito com um cavalo ruço, que lhe comprou o tio: e morte do mesmo cavalo.

1 Pedralves não há alcançá-lo,
   porque se não cabe dele,
   se um cavalo tem a ele,
   ou se ele tem um cavalo:
   mandou o tio comprá-lo,
   por ver o seu Benjamim
   na charola do Rolim;
   mas tendo o rocim comprado,
   então ficou cavalgado
   o tio mais o rocim.

2 E porque era o tal sendeiro
   um pouco acavaleirado,
   se lhe pôs casa de estado,
   dous pajens, e um escudeiro:
   item papel, e tinteiro,
   confessor, e capelão,
   donde veio ocasião,
   de todo o povo malvado
   dizer, que o ruço rodado
   morrera mui bom cristão.

3 Predalves tão grande asnia
   jura, e firma, que não disse,
   porém se era parvoíce,
   diria, mais que diria:
   que outros lhe ouviu a Bahia

tão gordas, tão bem dispostas,
   que já à guitarra andam postas,
   donde chegam a julgá-lo
   mais besta, que o seu cavalo,
   por trazê-lo sempre às costas.

4 Por não tomar algum vício
   ia ele, mais o rocim
   ao campo roer capim,
   fingindo, que ao exercício:
   por vê-lo em tão alto ofício
   ia com grande alvoroço
   a marotagem num troço,
   dizendo a puro intervalo,
   será homem de cavalo,
   quem foi de cavalo moço.

5 Uma tarde, em que corria,
   ei-lo pelas ancas vai;
   que muito, se também cai
   qualquer Santo no seu dia:
   foi tão grande a correria
   do rocim pelo escampado,
   que de um monte alcantilado
   rodou, por jogar de lombo,
   com que o ruço que era pombo,
   de então foi ruço rodado.

6 Acudiu Pedro à burrada,
   e chegando ao arruído,
   vendo o cavalo caído,
   ficou solta desmaiada:
   mas a gente ali chegada

lhe disse: ó Senhor Baulio,
trunfe com valor, e brio,
que se este perdido está,
outro cavalo achará
na baralha do seu tio.

7 Ele então descendo a vala,
e dando avante dous passos
tomou o cavalo em braços,
e fez-lhe esta branda fala:
meu ruço, minha cavala,
meu carinho, e meu amor,
pois fico em tão grande dor
órfão tão desamparado,
e morreis de mal curado,
ordenai-me um curador.

8 Testai consigo perene,
que um testamento cerrado
por vós, e por mim ditado
por força há de ser solene:
não queirais, que vos condene
algum Platônico astuto,
de que ao pagar do tributo
(podendo com todo alinho
falecer como um anjinho)
acabastes como um bruto.

9 O rocim, que era entendido
pouco menos, que seu amo,
em ouvindo este reclamo
surgiu, dando um ai sentido:
deu um, deu outro gemido,

    e depois de escoucinhar
    disse, inda estou de vagar,
    por mais que a morte não queira,
    que é acabar a carreira,
    não de carreira acabar.

10 Isto disse o rocinante,
    e logo para o curar
    tratam de o desencovar
    um, e outro circunstante:
    com cordas, e cabrestante,
    e enxadas para cavá-lo;
    não podendo dar-lhe abalo,
    todo o trabalho se perde,
    porque era cavalo verde,
    sendo ruço o tal cavalo.

11 Mas um Coadjutor bisonho
    disse, tal dono, tal gado,
    que o cavalo é tão pesado,
    como o dono é enfadonho:
    Pedralves como um medronho
    ficou, e já de afrontado
    desconfiou como honrado
    do Coadjutor malhadeiro,
    vendo estar o seu sendeiro
    de cura desconfiado.

12 Eis que com força, e arte
    a empuxões de cabrestante
    foi sacado o rocinante
    da barroca a outra parte:
    Pedralves num baluarte

se pôs, e a gente deteve,
dizendo em prática breve,
vem-me alguém puxar a mim?
pois é, que este meu rocim
nem Deus quero, que mo leve.

13 Aqui o ruço há de jazer
conforme o seu natural,
que é filósofo moral,
e no campo há de morrer:
quem teve, que escarnecer!;
e quem teve, que zombar!
todos enfim a puxar
deram todo aquele dia
co ruço na estribaria,
e trataram de curar.

14 Houve junta de alveitares,
ou Médicos de jumentos
carregados de instrumentos
balestilhas*, e azeares:
item seringas a pares,
unguentos, mechas e talos,
e simples** para formá-los
tudo remédios inanes,
porque só pós de Joanes
é remédio de cavalos.

15 Curou-se enfim o Frisão
pelos mais exprimentados
homens bem intencionados

---
*Instrumento para sangrar animais. (*N. do E.*)
**Remédio. (*N. do E.*)

pela primeira intenção:
mas sobrevindo um febrão
de implicadas qualidades,
em tantas calamidades
quis Deus, que não lhe aproveite
nem das Brotas o azeite,
nem o vinagre dos Frades.

16 Pedralves num acidente
fiado em seu privilégio
mandou pedir ao Colégio*
um osso do Sol do Oriente:
mas sendo ao Reitor presente
a casta do agonizante,
dizei (disse) a esse bargante,
que o Santo a curar não presta
o mal, que ele tem de besta,
nem o do seu rocinante.

17 Com que o ruço a piorar,
as Relíquias a não vir,
Pedralves a se afligir,
e seu tio a se enfadar:
o dinheiro a se gastar,
e a casa a se aborrecer,
tanto veio a suceder,
que com pesar não pequeno
em chegando ao quatrozeno
o ruço veio a morrer.

---

*Colégio da Companhia de Jesus. (*N. do E.*)

18 Assistir-lhe na agonia
vieram, sem que uma manque,
todas as bestas do tanque
dos Padres da Companhia:
e uma, que cantar sabia,
uma lição lhe cantou,
e quando ao verso chegou,
onde diz: "andante me"*
estirou o ruço um pé,
e dando um zurro acabou.

19 Ao tratar do enterramento
houve alguma dilação,
porque Pedralves então
chorava como um jumento:
mas aberto o testamento
perante um, e outro ouvinte,
se achou, que morrera aos vinte,
e testara aos vinte e três
de tal ano, e de tal mês,
e que dizia o seguinte.

20 Meu corpo vá amortalhado
no hábito de cacoetes,
que tem meu amo entre asnetes
de falar agongorado:
não o coma adro sagrado,
que um monturo bastará,
sendo que tão magro está
de Hipócrates, e Avicenas,
que vou receando apenas
para um bocado haverá.

---

*Do Latim: "que venha a mim". (*N. do E.*)

21 Item ao Senhor Marquês,
   a quem o céu há juntado
   as ferezas de soldado
   os carinhos de cortês:
   pela mercê, que me fez,
   de com tão justa razão
   suspender de Capitão
   meu Amo, que fica em calma,
   lhe peço, pela sua alma,
   que o suspenda de asneirão.

22 Meu Amo instituo enfim
   por meu herdeiro forçado,
   e lhe deixo de contado
   a manjedoura, e capim:
   item lhe deixo o selim,
   que me pôs de sarna gafo,
   e pois já morro, e abafo,
   o meu bocado lhe deixo,
   porque veja queixo a queixo,
   o que vai de bafo a bafo.

ANNA MARIA ERA UMA DONZELA NOBRE, E RICA, QUE VEIO DA ÍNDIA SENDO SOLICITADA DOS MELHORES DA TERRA PARA DESPOSÓRIOS, EMPRENDEU FR. TOMÁS CASÁ-LA COM O DITO, E O CONSEGUIU.

Sete anos a Nobreza da Bahia
Serviu a uma Pastora Indiana, e bela,
Porém serviu a Índia, e não a ela,
Que à Índia só por prêmio pertendia.

Mil dias na esperança de um só dia
Passava contentando-se com vê-la:
Mas Fr. Tomás usando de cautela,
Deu-lhe o vilão, quitou-lhe a fidalguia.

Vendo o Brasil, que por tão sujos modos
Se lhe usurpara a sua Dona Elvira,
Quase a golpes de um maço, e de uma goiva:

Logo se arrependeram de amar todos,
E qualquer mais amara, se não fora
Para tão limpo amor tão suja Noiva.

A VISTA DO AMOR, QUE TEVE O POETA A ESTA DAMA, COMO SE COLHE É A SEGUINTE OBRA UM TESTEMUNHO DA SUA GENEROSIDADE: POIS LHE RECUSA OS SEUS CONVITES, ACONSELHANDO-A A SOFRER SEU ESPOSO. NEM OS SEUS GALANTEIOS FORAM COM PESSOA PROIBIDA.

1 Vós casada, e eu vingado,
  todo o meu coração sente,
  mas a vingança presente
  mais que o agravo passado:
  o agravo já perdoado
  pelas desculpas, que dais,
  menos dor me ocasionais
  por ser contra meu respeito
  que, o que contra vós é feito,
  força é, que doa mais.

2 Chorar vosso casamento
  é sentir a minha dor
  e agora me obriga Amor
  a sentir vosso tormento:
  vosso descontentamento
  do meu mal distância encerra,
  que no meu coração não erra
  censurando um, e outro sim,
  pois de vós vai tanto a mim,
  como vai dos céus a terra.

3 Um só coração assestam
  os pesares, de quem ama,
  mas os pesares da Dama
  a dois corações molestam:

se duas vidas infestam
males, de que estais sentida,
com razão, prenda querida,
dois prantos faço em comum,
pela minha vida um,
outro pela vossa vida.

4 Levai prudente, e sagaz
esse cargo, essa pensão,
porque o erro da eleição
consigo outros erros traz:
se é de remédio incapaz
o erro do casamento,
dissimule o sofrimento
esse erro: porque maior
não faça o erro de amor
erros do arrependimento

Defende-se o bem que se perdeu na esperança pelos mesmos consoantes.*

O bem, que não chegou ser possuído,
Perdido causa tanto sentimento,
Que faltando-lhe a causa do tormento,
Faz ser maior tormento o padecido.

Sentir o bem logrado, e já perdido
Mágoa será do próprio entendimento.
Porém o bem, que perde um pensamento,
Não o deixa outro bem restituído.

Se o logro satisfaz a mesma vida,
E depois de logrado fica engano
A falta, que o bem faz em qualquer Sorte:

Infalível será ser homicida
O bem, que sem ser mal motiva o dano,
O mal, que sem ser bem apressa a morte.

---

*Versos rimados. (*N. do E.*)

Tentado a viver na soledade se lhe representam as glórias de quem não viu, nem tratou a Corte.

Ditoso tu, que na palhoça agreste
Viveste moço, e velho respiraste,
Berço foi, em que moço te criaste,
Essa será, que para morto ergueste.

Aí, do que ignoravas, aprendeste,
Aí, do que aprendeste, me ensinaste,
Que os desprezos do mundo, que alcançaste,
Armas são, com que a vida defendeste.

Ditoso tu, que longe dos enganos,
A que a Corte tributa rendimentos,
Tua vida dilatas, e deleitas!

Nos palácios reais se encurtam anos;
Porém tu sincopando os aposentos,
Mais te deleitas, quando mais te estreitas.

Moraliza o Poeta seu desassossego na harmonia incauta de um passarinho, que chama sua morte a compassos de seu canto.

Contente, alegre, ufano Passarinho,
Que enchendo o Bosque todo de harmonia,
Me está dizendo a tua melodia,
Que é maior tua voz, que o teu corpinho.

Como da pequenhez desse biquinho
Sai tamanho tropel de vozeria?
Como cantas, se és flor de Alexandria?
Como cheiras, se és pássaro de arminho?

Simples cantas, e incauto garganteias,
Sem ver, que estás chamando o homicida,
Que te segue por passos de garganta!

Não cantes mais, que a morte lisonjeias;
Esconde a voz, e esconderás a vida,
Que em ti não se vê mais, que a voz, que canta.

Moraliza o Poeta nos ocidentes do Sol a inconstância dos bens do mundo.

Nasce o Sol, e não dura mais que um dia,
Depois da Luz se segue a noite escura,
Em tristes sombras morre a formosura,
Em contínuas tristezas a alegria.

Porém se acaba o Sol, por que nascia?
Se formosa a Luz é, por que não dura?
Como a beleza assim se transfigura?
Como o gosto da pena assim se fia?

Mas no Sol, e na Luz, falte a firmeza,
Na formosura não se dê constância,
E na alegria sinta-se tristeza.

Começa o mundo enfim pela ignorância,
E tem qualquer dos bens por natureza
A firmeza somente na inconstância.

Queixa-se de que nunca faltem penas para a vida, faltando a vida para as mesmas penas.

Em o horror desta muda soledade,
Onde voando os ares a porfia
Apenas solta a luz a aurora fria,
Quando a prende da noite a escuridade.

Ah cruel apreensão de uma saudade,
De uma falsa esperança fantasia,
Que faz que de um momento passe o dia,
E que de um dia passe à eternidade!

São da dor os espaços sem medida,
E a medida das horas tão pequena,
Que não sei, como a dor é tão crescida.

Mas é troca cruel, que o fado ordena,
Porque a pena me cresça para a vida,
Quando a vida me falta para a pena.

No fluxo e refluxo da maré encontra a Poeta incentivo para recordar seus males.

Seis horas enche e outras tantas vaza
A maré pelas margens do Oceano,
E não larga a tarefa um ponto no ano,
Depois que o mar rodeia, o sol abrasa.

Desde a esfera primeira opaca, ou rasa
A Lua com impulso soberano
Engole o mar por um secreto cano,
E quando o mar vomita, o mundo arrasa.

Muda-se o tempo, e suas temperanças.
Até o céu se muda, a terra, os mares,
E tudo está sujeito a mil mudanças.

Só eu, que todo o fim de meus pesares
Eram de algum minguante as esperanças,
Nunca o minguante vi de meus azares.

A FUGIDA QUE FEZ DA CADEIA MARIANNA COM O FAVOR DO CHANCELER DA RELAÇÃO DESTE ESTADO, COM QUEM ELA TINHA ALGUNS DESONESTOS DIVERTIMENTOS.

1 Na gaiola episcopal
   caiu por dar no pinguelo
   um pássaro de cabelo
   pouco maior, que um Pardal:
   O Passareiro real
   ou de lástima, ou carinho,
   ou já por dar-lhe co ninho,
   brecha lhe abriu na gaiola:
   não quis mais a passarola,
   foi-se como um passarinho.

2 A Rolinha, que as amola,
   zomba, de quem se desvela,
   por colhê-la na esparrela,
   ou tomá-la na gaiola:
   não é passarinho a Rola,
   que no débil embaraço
   caia de linho, ou sedaço,
   salvo um Mazulo nariz
   se lhe põem por chamariz,
   que então cairá no laço.

3 Se o Prelado tem jactância
   de a tornar a reduzir,
   ojos, que la vieron ir,
   no la veran mas em Francia:
   que ela de estância em distância,
   e de amigo em amigão

assegura o cordovão,
porque é segura cautela,
que quem se prende com ela,
não a dá a outra prisão.

4 Quem no mundo há de ter modos
de prender uma mulher
tão destríssima em prender,
que de um olhar prende a todos:
que Medos, Partos, ou Godos,
que Ministro, ou Regedor
a há de prender em rigor,
se ela àqueles, que por lei
prendem da parte d'El-rei,
prende da parte do Amor.

Sonho que teve com uma dama estando preso na cadeia.

Adormeci ao som do meu tormento:
E logo vacilando a fantesia
Gozava mil portentos de alegria,
Que todos se tornaram sombra, e vento.

Sonhava, que gozava o pensamento
Com liberdade o bem, que mais queria,
Fortuna venturosa, claro dia;
Mais ai, que foi um vão contentamento!

Estava, Clóris* minha, possuindo
Desse formoso gesto a vista pura,
Alegre glórias mil imaginando:

Mas acordei, e tudo resumindo,
Achei dura prisão, pena segura:
Oh se sempre estivera assim sonhando!

---
*Amada, amante ou meretriz. (*N. do E.*)

Uma formosa mulata, a quem um sargento seu amásio arrojou aos valados de uma horta.

1 Que cantarei eu agora,
   Senhora Dona Talia,
   com que todo o mundo ria,
   do pouco que Jelu chora:
   inspira-me tu, Senhora,
   aquele tiro violento,
   que à Jelu fez o Sargento;
   mas que culpa o homem teve?
   não fora ela puta leve,
   para ser pela do vento.

2 Dizem, que ele pegou dela,
   e que gafando-a no ar,
   querendo a chaça ganhar
   a jogou como uma pela:
   fez chaça a branca Donzela
   lá na horta da cachaça,
   que mais de mil peças passa,
   e tal jogo o homem fez,
   que eu lhe seguro esta vez,
   que ninguém lhe ganha a chaça.

3 Triste Jelu sem ventura
   ali ficou enterrada,
   mas foi bem afortunada
   de ir morrer à sepultura:
   poupou a esmola do Cura,
   as cruzes, e as confrarias,

pobres, e velas bugias,
e como era lazarenta,
depois de mui fedorenta
ressuscitou aos três dias.

4 Dizem, que depois de erguida
da morte se não lembrou,
que como ressuscitou,
se tornou à sua vida;
eu creio, que vai perdida,
e me diz o pensamento,
que há de ter um fim violento,
como se lhe tem fadado,
ou nas solas de um soldado,
ou nas viras de um sargento.

Disparates na língua brasílica a uma cunhã que ali galanteava por vício.

1 Indo à caça de tatus
  encontrei Quatimondé
  na cova de um Jacaré
  tragando treze Teiús:
  eis que dous Surucucus
  como dous Jaratacacas
  vi vir atrás de umas Pacas,
  e a não ser um Preá
  creio, que o Tamanduá
  não escapa às Gebiracas.*

2 De massa um tapiti,
  um cofo de Sururus,
  dous puçás de Baiacus,
  Samburá de Murici:
  Com uma raiz de aipi
  vos envio de Passé,
  e enfiado num imbé
  Guiamu, e Caiaganga,
  que são de Jacaracanga
  Bagre, timbó, Inhapupê.

3 Minha rica Cumari,
  minha bela Camboatá
  como assim de Pirajá
  me desprezas tapiti:

---

*Mulher feia, megera. (*N. do E.*)

não vedes, que murici
sou desses olhos timbó
amante mais que um cipó
desprezado Inhapupê,
pois se eu fora Zabelê
vos mandara um Miraró.*

*Enguia. (*N. do E.*)

A PEDITÓRIO DE UMA DAMA QUE SE VIU
DESPREZADA DE SEU AMANTE.

Até aqui blasonou meu alvedrio,
Albano, meu, de livre, e soberano,
Vingou-se, ai de mim triste! Amor tirano,
De quem padeço o duro senhorio.

E não só se vingou cruel, e ímpio
Com sujeitar-me ao jugo desumano
De bem querer, mas de querer-te, Albano,
Onde é traição a fé, e amor desvio.

Se te perdi, não mais que por querer-te,
Paga tão justa, quanto merecida,
Pois com amar não soube merecer-te.

De que serve uma vida aborrecida?
Morra, quem teve a culpa de perder-te:
Perca, quem te perdeu, também a vida.

A Margarida, mulata pernambucana que chorava as esquivanças de seu amante com pretexto de lhe haver furtado uns corais.

1 Carira: por que chorais?
 que é perdição não vereis,
 as pérolas, que perdeis
 pela perda dos corais?
 pérolas não valem mais
 dos vossos olhos chorados,
 que de coral mil ramadas?
 pois como os olhos sentidos
 vertem por corais perdidos
 pérolas desperdiçadas?

2 Basta já, mais não choreis,
 que os corais, todos sabemos,
 que não tinham os extremos,
 que vós por eles fazeis:
 que os quereis cobrar, dizeis:
 mas como em cobrança tal
 meteis tanto cabedal?
 como empregais nesta empresa
 o aljôfar, que val, e pesa
 muito mais do que coral?

3 Vós sois fraca mercadora,
 pois em câmbio de uns corais
 tais pérolas derramais,
 quais as não derrama Aurora:
 sempre o negócio melhora
 as Damas do vosso trato,

mas sem risco, e mais barato:
   e em vós é fácil de crer,
   que os corais heis de perder,
   sobre quebrar no contrato.

4 Se vós adita o sentido,
   que o mar cria coral tanto,
   e no mar do vosso pranto
   se achará o coral perdido:
   levais o rumo torcido,
   e ides, Carira, enganada,
   porque a água destilada,
   que té os beiços vos corria,
   muito coral vos daria
   de cria, mas não de achada.

5 Se tratais ao camarada
   de ladrão, de ladronaço,
   porque vos tirou do braço
   coral, que val pouco, ou nada:
   é, que estais apaixonada,
   bem que com pouca razão:
   mas ponde-lo de ladrão,
   quando os corais bota fora,
   e não os pondes na hora,
   que vos rouba o coração.

Fala o Poeta com a filha.

Perg.   Bertolinha gentil, pulcra, e bizarra,
        Também vos trouxe aqui o Papagaio?
Resp.   Não, Senhor: que ele fala como um raio,
        E diz, que minha Mãe lhe pôs a garra.

Perg.   Isso está vossa Mãe pondo à guitarra,
        E diz, que há de pagá-lo para Maio.
Resp.   Ela é muito animosa, e eu desmaio,
        Se cuido no Alcaide, que me agarra.

Perg.   Temo, que haveis de ser disciplinante
        Por todas estas ruas da Bahia,
        E que vos há de ver o vosso amante.
Resp.   Quer me veja, quer não: estimaria,
        Que os açoutes se deem ao meu galante,
        Porque eu também sei ver, e vê-lo-ia.

Pintura admirável de uma beleza.

Vês esse Sol de luzes coroado?
Em pérolas a Aurora convertida?
Vês a Lua de estrelas guarnecida?
Vês o Céu de Planetas adorado?

O Céu deixemos; vês naquele prado
A Rosa com razão desvanecida?
A Açucena por alva presumida?
O Cravo por galã lisonjeado?

Deixa o prado; vem cá, minha adorada,
Vês desse mar a esfera cristalina
Em sucessivo aljôfar desatada?

Parece aos olhos ser de prata fina?
Vês tudo isto bem? pois tudo é nada
À vista do teu rosto, Caterina.

A UMA DAMA QUE LHE PEDIU UM CRAVEIRO.

O craveiro, que dizeis,
não vo-lo mando, Senhora,
só porque não tem agora
o vaso, que mereceis:
porém se vós o quereis,
quando por vós eu me abraso,
digo em semelhante caso,
sem ser nisso interesseiro,
que vos darei o craveiro,
se vós me deres o vaso.

PERTENDE AGORA (POSTO QUE EM VÃO) DESENGANAR
AOS SEBASTIANISTAS, QUE APLICAVAM O
DITO COMETA À VINDA DO ENCOBERTO.

Estamos em noventa era esperada
De todo o Portugal, e mais conquistas,
Bom ano para tantos Bestianistas,
Melhor para iludir tanta burrada.

Vê-se uma estrela pálida, e barbada,
E deduzem agora astrologistas
A vinda de um Rei morto pelas listas,
Que não sendo dos Magos é estrelada.

Oh quem a um Bestianista pergunta,
Com que razão, ou fundamento, espera
Um Rei, que em guerra d'África acabara?

E se com Deus me dá; eu lhe dissera,
Se o quis restituir, não o matara,
E se o não quis matar, não o escondera.

Na era de 1686 quimeriavam os sebastianistas a
vinda do Encoberto por um cometa que
apareceu. O Poeta pertende em vão
desvanecê-los traduzindo um discurso
do Pe. Antônio Viera que se aplica a
El-rei D. Pedro II.

1 Ouçam os sebastianistas
   ao Profeta da Bahia
   a mais alta astrologia
   dos sábios Gimnosofistas:*
   ouçam os Anabatistas
   a evangélica verdade,
   que eu com pura claridade
   digo em literal sentido
   que o Rei por Deus prometido
   é: quem? Sua Majestade.

2 Quando no campo de Ourique
   na luz de um raio abrasado
   viu Cristo crucificado
   El-rei Dom Afonso Henrique:
   para que lhe certifique
   afetos mais que fiéis,
   Senhor, disse, aos infiéis
   mostrai a face divina,
   não a quem a Igreja ensina
   a crer tudo, o que podeis.

---

*Nome pelo qual os gregos e romanos chamavam os brâmanes da Índia. (*N. do E.*)

3 E Deus vendo tão fiel
aquele peito real,
auspicando a Portugal,
quis ser o seu Samuel:
na tua Prole novel
(diz) hei de estabelecer
um império a meu prazer:
e crê, que na atenuação
da dezasseis geração
então hei de olhar, e ver.

4 A dezasseis geração
por cômputo verdadeiro
assevera o Reino inteiro
ser o quarto Rei D. João:
e da prole a atenuação
(conforme a mesma verdade)
vê-se em Sua Majestade,
pois sendo de três varões
com duas atenuações
se tem posto na unidade.

5 Logo em boa consequência
na Pessoa realçada
de Pedro* está atenuada
desta prole a descendência:
logo com toda a evidência
e a luz da divina luz
se vê, que o Pedro conduz
o olhar, e ver de Deus,
que ao primeiro Rei, e aos seus
prometeu na ardente cruz.

---

*Dom Pedro II, rei de Portugal de 1668 a 1706. (*N. do E.*)

6 E se o tempo é já chegado,
   perguntem-no a Daniel,
   que no sétimo aranzel
   o traz bem delineado:
   diz o Profeta sagrado,
   que a quarta fera inumana
   tinha na testa tirana
   dez pontas, e que entre as dez
   uma de grã pequenhez,
   surgiu com potência insana.

7 Que esta ponta tão pequena
   mas tão potente, e tão forte
   a três das grandes deu morte
   cruel, afrontosa, e obscena:
   quer dizer, que a sarracena
   potência, ou poder tirano
   do pequeno Maometano
   tirara a seu desprazer
   as três partes do poder
   do grande império Romano.

8 E que pelo perjuízo,
   que a pequena ponte fez,
   das dez maiores as três
   as chamou Deus a juízo,
   e as condenou de improviso
   ao fogo voraz, que as coma,
   e daqui o Profeta toma
   (pois Deus assim a condena)
   o fim da gente Agarena,
   e seita do vil Mafoma.*

---

*Maomé. (*N. do E.*)

9   Continuando a visão,
    refere a história sagrada,
    que esta audiência acabada
    chagou Deus um Rei cristão,
    ao qual lhe entregou na mão
    seu império prometido;
    logo bem tenho inferido,
    que o sarraceno acabado
    é o tempo deputado
    de ser este império erguido.

10 E pois a gente otomana
    vendo esta sua ruína
    na luz da espada divina
    em tanta armada Austriana:
    pode a Nação Lusitana
    confiada neste agouro
    preparar a palma, e louro,
    para o Príncipe Cristão,
    que há de empunhar o bastão
    do império de Deus vindouro.

11 Pode a Nação Lusitana,
    que foi terror do Oriente
    confiar, que no Ocidente
    o será da Maometana:
    pode cortar a espadana
    em tal número, e tal soma,
    que, quando o tempo a corcoma,
    digamos com este exemplo,
    que abriu, e fechou seu templo
    o Bifronte Deus em Roma.

12 Estes secretos primores
não são da ideia sonhados,
são da escritura tirados,
e dos Santos Escritores:
e se não cito os Doutores,
e poupo esses aparatos,
é, porque basta a insensatos
por rudeza, e por cegueira,
que em prosa o compôs Vieira,
traduziu em versos Matos.

Por ocasião do dito cometa refletindo o Poeta os movimentos que universalmente inquietavam o mundo naquela idade, o sacode geralmente com esta crise.

1 Que esteja dando o Francês
 camoesas ao Romano,
 castanhas ao Castelhano,
 e ginjas ao Português:
 e que estejam todos três
 em uma seisma quieta
 reconhecendo esta treta*
 tanto à vista, sem a ver.
 Será: mas porém a ser
 efeitos são do cometa.

2 Que esteja o Inglês mui quedo
 e o Holandês mui ufano
 Portugal cheio de engano.
 Castela cheia de medo:
 e que o Turco viva ledo
 vendo a Europa inquieta,
 e que cada qual se meta
 em uma cova a temer,
 tudo será: mas a ser
 efeitos são do cometa.

---
*Fruta. (*N. do E.*)

3 Que esteja o francês zombando,
   e a Índia padecendo,
   Itália olhando, e comendo,
   Portugal rindo, e chorando:
   e que os esteja enganando,
   quem sagaz os inquieta,
   sem que nada lhes prometa!
   Será: mas com mais razão,
   segundo a minha opinião
   efeitos são do cometa.

4 Que esteja Angola de graça,
   o Marzagão cai não cai,
   o Brasil feito cambrai,
   quando Holanda feita caça:
   e que jogue a passa-passa*
   conosco o Turco Maometa,
   e que assim nos acometa!
   Será, pois é tão ladino:
   porém segundo imagino,
   efeitos são do cometa.

5 Que venham os Franchinotes
   com engano sorrateiro
   a levar-nos o dinheiro
   por troco de assobiotes:
   que as patacas em pipotes
   nos levem à fiveleta!
   Não sei se nisto me meta!
   Porém sem meter-me em rodas,
   digo, que estas cousas todas
   efeitos são do cometa.

---

*Jogo com latas e bolas. (*N. do E.*)

6 Que venham homens estranhos
  às direitas, e às esquerdas
  trazer-nos as suas perdas,
  e levar os nossos ganhos!
  e que sejamos tamanhos
  ignorantes, que nos meta
  em debuxos a gazeta!
  Será, que tudo é pior:
  mas porém seja, o que for,
  efeitos são do cometa.

7 Que havendo tantas maldades,
  como exprimentado temos,
  tantas novidades vemos,
  não havendo novidades:
  e que estejam as cidades
  todas postas em dieta,
  mau é: porém por decreta
  permissão do mesmo Deus,
  se não são pecados meus,
  efeitos são do cometa.

8 Que se vejam sem razão
  no extremo, em que se veem,
  um tostão feito um vintém,
  e uma pataca um tostão;
  e que estas mudanças vão
  fabricadas à curveta,
  sem que a ventura prometa
  nunca nenhuma melhora!
  Será: que pois o céu chora,
  efeitos são do cometa.

9   Que o Reino em um estaleiro
    esteja, e nesta ocasião
    haja pão, não haja pão,
    haja, não haja dinheiro:
    e que se tome em Aveiro
    todo o ouro, e prata invecta*
    por certa via secreta;
    eu não sei, como isto é:
    porém já que assim se vê,
    efeitos são do cometa.

10 Que haja no mundo, quem tenha
    guisados para comer,
    e traças para os haver,
    não tendo lume, nem lenha:
    e que sem renda mantenha
    carro, carroça, carreta,
    e sem ter adonde os meta,
    dentro em si tanto acomode!
    Pode ser: porém se pode,
    efeitos são do cometa.

11 Que andem os oficiais
    como fidalgos vestidos,
    e que sejam presumidos
    os humildes como os mais:
    e que sejam presumidos
    cavalgar sem a maleta,
    e que esteja tão quieta
    a cidade, e o povo mudo!
    Será: mas sendo assim tudo
    efeitos são do cometa.

---

*Do latim: traduzida, transportada, arrastada. (*N. do E.*)

12 Que se vejam por prazeres,
   sem repararem nas fomes
   as mulheres feitas homens,
   e os homens feitos mulheres:
   e que estejam os misteres
   enfronhados na baeta,
   sem ouvirem a trombeta
   do povo, que é um clarim!
   Será: porém sendo assim,
   efeitos são do cometa.

13 Que vista, quem rendas tem,
   galas vistosas por traça,
   suposto que bem mal faça,
   inda que mal, fará bem:
   mas que vista, quem não tem
   mais que uma pobre sarjeta,
   que lhe vem pela estafeta
   por milagre nunca visto!
   Será: porém sendo isto
   efeitos são do cometa.

14 Que não veja, o que há de ver
   mal no bem, e bem no mal,
   e se meta cada qual,
   no que não se há de meter:
   que queira cada um ser
   Capitão sem ter gineta,
   sendo ignorante profeta,
   sem ver, quem foi, e quem é!
   Será: mas pois se não vê,
   efeitos são do cometa.

15 Que o pobre, e rico namore,
e que com esta porfia
o pobre alegre se ria,
e que o rico triste chore:
e que o presumido more
em palácio sem boleta,
e por não ter, que lhe meta,
o tenha cheio de vento!
Pode ser: mas ao intento
efeitos são do cometa.

16 Que ande o mundo, como anda,
e que se ao som do seu desvelo
uns bailam ao saltarelo
e os outros à sarabanda:
e que estando tudo à banda,
sendo eu um pobre Poeta,
que nestas cousas me meta,
sem ter licença de Apolo!
Será: porém se eu sou tolo,
efeitos são do cometa.

Necessidades forçosas da natureza humana.

Descarto-me da tronga, que me chupa,
Corro por um conchego todo o mapa,
O ar da feia me arrebata a capa,
O gadanho da limpa até a garupa.

Busco uma Freira, que me desentupa
A via, que o desuso às vezes tapa,
Topo-a, topando-a todo o bolo rapa,
Que as cartas lhe dão sempre com chalupa.

Que hei de fazer, se sou de boa cepa,
E na hora de ver repleta a tripa,
Darei, por quem ma vaze toda Europa?

Amigo, quem se alimpa da carepa,*
Ou sofre uma muchacha, que o dissipa,
Ou faz da sua mão sua cachopa.

---

*Alimpa da carepa: "melhora de situação"; "sai da miséria". (*N. do E.*)

A UM LIVREIRO QUE COMEU UM CANTEIRO DE ALFACES.

Levou um livreiro a dente
de alfaces todo um canteiro,
e comeu, sendo livreiro,
desencadernadamente:
porém eu digo, que mente,
o que nisso o quer culpar;
antes é para notar,
que trabalhou como um Mouro,
que o meter folhas no couro
também é encadernar.

Definição do Amor.

Mandai-me, Senhores hoje
que em breves rasgos descreva
do Amor a ilustre prosápia,
e de Cupido as proezas.
Dizem, que da clara escuma,
dizem, que do mar nascera,
que pegam debaixo d'água,
as armas, que Amor carrega.
Outros, que fora ferreiro
seu Pai, onde Vênus bela
serviu de bigorna, em que
malhava com grã destreza.
Que a dous assopros lhe fez
o fole inchar de maneira,
que nele o fogo acendia,
nela aguava a ferramenta.
Nada disto é, nem se ignora,
que o Amor é fogo, e bem era
tivesse por berço as chamas
se é raio nas aparências.
Este se chama Monarca,
ou Semideus se nomeia,
cujo céu são esperanças,
cujo inferno são ausências.
Um Rei, que mares domina,
um Rei, o mundo sopeia,
sem mais tesouro, que um arco,
sem mais arma, que uma seta.
O arco talvez de pipa,
a seta talvez de esteira,

despido como um maroto,
cego como uma Topeira.
Um maltrapilho, um ninguém,
que anda hoje nestas eras
com o cu à mostra, jogando
com todos a cabra-cega.
Tapando os olhos da cara,
por deixar o outro alerta
por detrás à italiana,
por diante à portuguesa.
Diz, que é cego, porque canta,
ou porque vende gazetas
das vitórias, que alcançou
na conquista das finezas.
Que vende também folhinhas
cremos por cousa mui certa,
pois nos dá os dias santos,
sem dar ao cuidado tréguas;
E porque despido o pintam,
é tudo mentira certa,
mas eu tomara ter junto
o que Amor a mim me leva.
Que tem asas com que voa
e num pensamento chega
assistir hoje em Cascais
logo em Coina, e Salvaterra.
Isto faz um arrieiro
com duas porradas tesas:
e é bem, que no Amor se gabe,
o que o vinho só fizera!
E isto é Amor? é um corno.
Isto é Cupido? má peça.
Aconselho, que o não comprem
ainda que lhe achem venda.

Isto, que o Amor se chama,
este, que vidas enterra,
este, que alvedrios prostra,
este, que em palácios entra:
Este, que o juízo tira,
Este, que roubou a Helena,
este, que queimou a Troia,
e a Grã-Bretanha perdera:
Este, que a Sansão fez fraco,
este, que o ouro despreza,
faz liberal o avarento
é assunto dos Poetas:
Faz o sisudo andar louco,
faz pazes, ateia a guerra,
o Frade andar desterrado,
endoudece a triste Freira.
Largar a almofada a Moça,
ir mil vezes à janela,
abrir portas de cem chaves,
e mais que gata janeira.*
Subir muros, e telhados,
trepar cheminés, e gretas,
chorar lágrimas de punhos
gastar em escritos resmas.
Gastar cordas em descantes,
perder a vida em pendências,
este, que não faz parar
oficial algum na tenda.
O Moço com sua Moça,
o Negro com sua Negra,
este, de quem finalmente

---

*No cio. (*N. do E.*)

dizem, que é glória, e que é pena.
É glória, que martiriza,
uma pena, que receia,
é um fel com mil doçuras,
favo com mil asperezas.
Um antídoto, que mata,
doce veneno, que enleia,
uma discrição sem siso,
uma loucura discreta.
Uma prisão toda livre,
uma liberdade presa,
desvelo com mil descansos,
descanso com mil desvelos.
Uma esperança, sem posse,
uma posse, que não chega,
desejo, que não se acaba,
ânsia, que sempre começa.
Uma hidropisia d'alma,
da razão uma cegueira,
uma febre da vontade
uma gostosa doença.
Uma ferida sem cura,
uma chaga, que deleita,
um frenesi dos sentidos,
desacordo das potências.
Um fogo incendido em mina,
faísca emboscada em pedra,
um mal, que não tem remédio,
um bem, que se não enxerga.
Um gosto, que se não conta,
um perigo, que não deixa,
um estrago, que se busca,
ruína, que lisonjeia.
Uma dor, que se não cala,

pena, que sempre atormenta,
manjar, que não enfastia,
um brinco, que sempre enleva.
Um arrojo, que enfeitiça,
um engano, que contenta,
um raio, que rompe a nuvem,
que reconcentra a esfera.
Víbora, que a vida tira
àquelas entranhas mesmas,
que segurou o veneno,
e que o mesmo ser lhe dera.
Um áspide entre boninas,
entre bosques uma fera,
entre chamas Salamandra,
pois das chamas se alimenta.
Um basilisco*, que mata,
lince, que tudo penetra,
feiticeiro, que adivinha,
marau, que tudo suspeita.
Enfim o Amor é um momo,
uma invenção, uma teima,
um melindre, uma carranca,
uma raiva, uma fineza.
Uma meiguice, um afago
um arrufo, e uma guerra,
hoje volta, amanhã torna,
hoje solda, amanhã quebra.
Uma vara de esquivanças,
de ciúmes vara e meia,
um sim, que quer dizer não,
não, que por sim se interpreta.

---

*Canhão potente. (*N. do E.*)

Um queixar de mentirinha,
um folgar muito deveras,
um embasbacar na vista,
um ai, quando a mão se aperta.
Um falar por entre dentes,
dormir a olhos alerta,
que estes dizem mais dormindo,
do que a língua diz discreta.
Uns temores de mal pago,
uns receios de uma ofensa
um dizer choro contigo,
choromingar nas ausências.
Mandar brinco de sangrias,
passar cabelos por prenda,
dar palmitos pelos Ramos,
e dar folar pela festa.
Anel pelo São João,
alcachofras na fogueira,
ele pedir-lhe ciúmes,
ela sapatos, e meias.
Leques, fitas, e manguitos,
rendas da moda francesa,
sapatos de marroquim,
guarda-pé de primavera.
Livre Deus, a quem encontra,
ou lhe suceder ter Freira;
pede-vos por um recado
sermão, cera, e caramelas.
Arre lá com tal amor!
isto é amor? é quimera,
que faz de um homem prudente
converter-se logo em besta.
Uma bofia, uma mentira
chamar-lhe-ei mais depressa,

fogo salvaje nas bolsas,
e uma sarna das moedas.
Uma traça do descanso,
do coração bertoeja,
sarampo da liberdade,
carruncho*, rabuge, e lepra.
É este, o que chupa, e tira
vida, saúde, e fazenda,
e se hemos falar verdade
é hoje o Amor desta era.
Tudo uma bebedice,
ou tudo uma borracheira,
que se acaba co dormir,
e co dormir se começa.
O Amor é finalmente
um embaraço de pernas,
uma união de barrigas,
um breve temor de artérias.
Uma confusão de bocas
uma batalha de veias,
um rebuliço de ancas,
quem diz outra coisa, é besta.

---

*Inseto que perfura madeira. (*N. do E.*)

Admirável expressão de amor mandando-se-lhe perguntar, como passava.

Aquele não sei quê, que Inês te assiste
No gentil corpo, na graciosa face,
Não sei donde te nasce, ou não te nasce,
Não sei, onde consiste, ou não consiste.

Não sei quando, ou como arder me viste,
Porque Fênix de amor me eternizasse,
Não sei, como renasce, ou não renasce,
Não sei como persiste, ou não persiste.

Não sei como me vai, ou como ando,
Não sei, o que me dói, ou porque parte
Não sei, se vou vivendo, ou acabando.

Como logo meu mal hei de contar-te,
Se de quanto a minha alma está penando,
Eu mesmo, que o padeço, não sei parte.

Namorou-se do bom ar de uma crioulinha chamada Cipriana, ou Supupema, e lhe faz o seguinte romance.

Crioula da minha vida,
Supupema da minha alma,
bonita como umas flores,
e alegre como umas páscoas.
Não sei que feitiço é este,
que tens nessa linda cara,
a gracinha, com que ris,
a esperteza, com que falas.
O Garbo, com que te moves,
o donaire, com que andas,
o asseio, com que te vestes,
e o pico, com que te amanhas.
Tem-me tão enfeitiçado,
que a bom partido tomara
curar-me por tuas mãos,
sendo tu, a que me matas.
Mas não te espante o remédio,
porque na víbora se acha
o veneno na cabeça,
de que se faz a triaga.
A tua cara é veneno,
que me traz enfeitiçada
esta alma, que por ti morre,
por ti morre, e nunca acaba.
Não acaba, porque é justo,
que passe as amargas ânsias
de te ver zombar de mim,
que a ser morto não zombaras.

Tão infeliz sou contigo,
que a fim de que te agradara,
fora o Bagre, e fora o Negro,
que tinha as pernas inchadas.
Claro está, que não sou negro,
que a sê-lo tu me buscaras;
nunca meu Pai me fizera
branco de cagucho, e cara.
Mas não deixas de querer-me,
porque sou branco de casta,
que se me tens cativado,
sou teu negro, e teu canalha.

A Damásia que dava pressa a uma saia que se estava fazendo, para botar numa festa, dizendo ser sua sendo ela de sua Senhora.

Muito mentes, Mulatinha:
valha-te deus por Damásia!
não sei, quem sendo tu escura,
te ensina a mentir às claras.
Tal vestido, com tal pressa?
não vi mais ligeira saia;
mas como a seda é ligeira,
foi a mentira apressada.
Tal vestido não é teu,
nem tu tens, Damásia, cara,
para ganhar um vestido,
que custa tantas patacas.
Tu ganhas dous, três tostões
por duas ou três topadas;
não chegam as galaduras
para deitar uma gala.
Nem para os feitios chegam
os troquinhos, que tu ganhas,
pois não vale o teu feitio
mais que até meia-pataca.
De Soldado até Sargento,
ou até Cabo de esquadra
não passa o teu roçagante,
nem te chega a triste alçada.
Estes, que te podem dar,
mais que uma vara de caça,*

---

*Cassa, tecido lino de algodão ou linho. (*N. do E.*)

uma cinta de baeta
e saia de persiana.
Colete de chamalote,
e de vara e meia a fralda,
que fazem oito mil-réis,
que é valor da pobre farda.
Todos sabem, que o vestido,
que em verdes campos se esmalta,
é verdura de algum besta,
que em tua Senhora pasta.
Mas o que é dela, teu é,
que é outra que tal jangada,
e talvez por to emprestar,
que ficaria ela em fraldas.
Apostemos, que não vestes
outra vez a verde saia,
e nem de a vestires mais,
te ficam as esperanças?
Ora toma o meu conselho,
e vive desenganada,
que enquanto fores faceira,
não hás de ganhar pataca.

A UMA DAMA, A QUEM SOLICITANDO-A O POETA, LHE PEDIU DINHEIRO, DE QUE ELE SE DESEMPULHA.

1 Senhora, é o vosso pedir
um impedir as vontades,
que pertendem humildades,
de quem deseja servir:
faz-me vontade de rir
um pedir tão despedido,
que dele tenho entendido,
que o pedir despedir é:
bem podeis viver na fé,
que esse pedir é perdido.

2 Peça amores, e finezas,
peça beijos, peça abraços,
pois que os abraços são laços,
que prendem grandes firmezas:
não há maiores despesas
que um requebro, e um carinho,
pois no tomar de um beijinho
fica a riqueza ganhada,
e tudo o mais não val nada:
não peças mais, meu Anjinho.

3 Se vos vira, minha Mana,
recolhida, e não faceira
dissera, que como Freira
pedíeis à franciscana:
porém vós sois muito ufana,

e logo pedis a panca:
eu de vós direi, arranca,
que o vosso pedir cruel
pica mais do que um burel,
e dói mais que uma tranca.

Uma Mulata dama universal de quem já
falamos, satiriza agora o Poeta o
Fausto com que foi sepultada a maio.

1 Ser um vento a nossa idade
é da Igreja documento:
e por ser a vida um vento,
a morte é ventosidade:
viu-se isto na realidade
na morte de uma pobreta,
cuja casa de baeta,
reparando o Irmão da vara,
e descobrindo-lhe a cara,
viu, que a defunta era preta.

2 Uma Negra desta terra
em uma casa enlutada,
no hábito amortalhada
do santo, que tudo enterra:
quem cuidáreis, que era a perra
tão grave, e tão reverenda?
era uma sogra estupenda
de todo o mundo em geral,
Mãe em pecado mortal
de Dona Brásia Caquenda.

3 A Negra com seu cordão
no hábito franciscano
era retratada em pano
Santa Clara de alcatrão:
tiveram grande questão
os Irmãos da caridade,

se era maior piedade
lançá-la no mar salgado,
se enterrá-la no sagrado
ofendendo a imunidade.

4 Acudiu o Tesoureiro,
que era genro da Cachorra,
dizendo, esta Negra é forra,
e eu tenho muito dinheiro:
houve dúvida primeiro,
mas vieram-na a levar,
e começando a cantar
os Padres o sub venite,*
tomaram por seu desquite
em vez de cantar chorar.

5 Dos genros a melhor parte,
e os homens de melhor sorte
choravam a negra morte
da negra sorte, que parte:
a essa fizeram de arte
tão regenda, e tão real,
que não foi piramidal,
para que cresse o distrito,
que era Cigana do Egito,
quem fora negra boçal.

6 Ficou a gente pasmada
de ver uma Negra bruta,
sendo na vida tão puta,
pela morte tão honrada:

---

*Do latim: "vinde em socorro". (*N. do E.*)

quem é tão aparentada,
sempre na honra se estriba,
e assim a gente cativa
ficou pasmada, e absorta,
de ver com honras em morta,
quem nunca teve honra em vida.

7 Ficou a casa enlutada
então até o outro dia,
e todo o ano estaria,
a não ter uma encontrada:
foi, que a baeta pregada
era de quatro estudantes
quatro capas roçagantes:
e bem que as deram, contudo
para irem ao estudo
foi força mandar-lhas antes.

8 Os amantes se pintaram
como amantes tão fiéis,
um largou oito mil-réis,
outro em dez o condenaram:
ao Tesoureiro ordenaram,
mandasse a cera comprada;
ele a deu tão esmerada,
e tanta, que se murmura,
que o fez, porque à sepultura
fosse a perra bem pingada.

Fazia o Poeta tais excessos por esta Catona, que Tomás Pinto, e outros lhos estranharam, e ele os increpa nestas décimas de néscios no amor.

1. Que pouco sabe de amor,
   quem viu, formosa Catona,
   que há nessa celeste Zona
   astro, ou luminar maior:
   também a violeta é flor,
   e mais é negra a violeta,
   e se bem pode um Poeta
   uma flor negra estimar,
   também eu posso adorar
   nos céus um pardo planeta.

2. Catona é moça luzida
   que a pouco custo se asseia,
   entende-se como feia,
   mas é formosa entendida:
   escusa-se comedida,
   e ajusta-se envergonhada,
   não é tão desapegada,
   que negue a uma alma esperança,
   porque enquanto a não alcança,
   não morra desesperada.

3. Pisa airoso, e compassado,
   sabe-se airosa mover,
   calça, que é folgar de ver,
   e mais anda a pé folgado:
   conversa bem sem cuidado,
   ri sisuda na ocasião,

escuta com atenção,
  responde com seu desdém,
  e inda assim responde bem,
  é benquista a sem-razão.

4 É parda de tal talento,
  que a mais branca, e a mais bela
  deseja trocar com ela
  a cor pelo entendimento:
  é um prodígio, um portento,
  e se vos espanta ver,
  que adrede me ando a perder,
  dá-me por desculpa Amor,
  que é Anjo trajado em cor,
  e Sol mentido em mulher.

Repete o Poeta esta rogativa ouvindo-a em uma ocasião contar com a sua singular graça que tinha.

1 Anica, o que me quereis,
   que tanto me enfeitiçais,
   uma vez quando cantais,
   e outra quando apareceis:
   se por matar-me o fazeis,
   fazei esse crime atroz
   de matar-me sós por sós,
   para que eu tenha o socorro,
   que vendo, que por vós morro,
   viva de morrer por vós.

2 Matar-me eu o sofrerei,
   mas sofrei também chegar-me,
   que ter asco de matar-me
   jamais o consentirei:
   fugir, e matar não sei,
   Ana, como o conseguis?
   mas se a minha sorte o quis,
   e vós Ana, o intentais,
   não podeis matar-me mais,
   do que quando me fugis.

3 Chegai, e matai-me já;
   mas chegando estou já morto,
   causa, que me tem absorto
   matar-me, quem não me dá:
   chegai, Ana, para cá
   para dar-me essa ferida,

porque fugir de corrida,
e matar-me dessa sorte,
se o vejo na minha morte,
o não vi na minha vida.

4 Não sei, que pós foram estes,
que n'alma me derramastes,
não sei, com que me matastes,
não sei, o que me fizestes:
sei, que aqui aparecestes,
e vendo-vos com antolhos,
topei com tantos abrolhos
na vossa dura conquista,
que me tirastes a vista,
e me quebrastes os olhos.

Chegando o Poeta à Vila de São Francisco descreve os divertimentos, que ali passava, e em que se entretinha.

Há cousa como estar em São Francisco,
Onde vamos ao passo tomar fresco,
Passam as negras, fala-se burlesco,
Fretam-se todas, todas caem no visco.

O peixe roda aqui, ferve o marisco,
Come-se ao grave, bebe-se ao tudesco,
Vêm barcos da cidade com o refresco,
Há já tanto biscouto como cisco.

Chega o Faísca, fala, e dá um chasco,
Começa ao dia, acaba ao lusco e fusco,
Não cansa o paladar, rompe-me o casco.

Joga-se em casa em sendo o dia brusco,
Vem chegando-se a Páscoa, e se eu me empasco,
Os lombos de um Tatu é o pão, que busco.

A Francisco Ferreira, de quem o Poeta se acompanhava naquele retiro, faltando-lhe um dia aprazado para certa viagem.

Não veem, como mentiu Chico Ferreira!
Ou ele mente mais que uma cigana,
Ou não conhece os dias da semana,
E lhe passou por alto a quarta-feira.

Disse-me, que ia ver lá da ladeira
O arrozal, que plantou na terra lhana,
Porém como olhos tem de porçolana,
Em três dias não viu a sementeira.

Amanheceu o dia prometido
Formoso, alegre, claro, e prazenteiro:
Bom dia, disse eu cá, para a viagem.

Saí ao meu passeio mal vestido,
E tomando exercício de gajeiro,
Não vi vela, e fiquei como um salvagem.

AO MESMO E PELO MESMO CASO, QUE CHAMAVA AO POETA SEU MESTRE NA SOLFA, PORQUE COM ELE CANTAVA ÀS VEZES.

Quem deixa o seu amigo por arroz,
Não é homem, nem é de o ser capaz,
É Rola, Codorniz, Pomba torquaz,
Não falo em Papagaios, e Socós.

Quem diz, que vai ficar dois dias sós,
E seis dias me tem neste solaz,
Tão pouco caso do seu mestre faz,
Como faz do seu burro catrapós.*

Andar: ele virá cantar os rés,
E então lhe hei de entoar tão falsos mis,
Que saiba, como pica o meu revés.

Daí vós ao demo o decho de aprendiz,
Que a seu mestre deixou tão triste rês
Por quatro grãos de arroz, quatro ceitis.

---
*Galope do cavalo. (*N. do E.*)

Engrandece o Poeta a Ilha de Gonçalo Dias onde várias vezes foi refugiado, e favorecido do mesmo senhorio.

Ó Ilha rica, inveja de cambaia,
Fértil de peixe, frutas, e marisco,
Mais Galegos na praia, do que cisco,
Mais cisco nos Galegos, que na praia

Tu a todo o Brasil podes dar vaia,
Pois tantos lucros dás a pouco risco:
Tu abundas aos Filhos de Francisco
Picote de cação, burel de arraia.

Tu só em cocos dás à frota o lastro,
Fruta em tonéis, a china às toneladas
Tu tens a sua carga a teu cuidado.

Se sabe o preclaríssimo Lancastro,*
Que tais serviços fazes às armadas,
Creio, que há de fazer de ti um condado.

---

*Dom João de Alencastro, governador e capitão-general do Brasil de 1694 a 1702 (*N. do E.*)

DESCREVE A ILHA DE ITAPARICA COM SUA APRAZÍVEL FERTILIDADE, E LOUVA DE CAMINHO AO CAPITÃO LUÍS CARNEIRO HOMEM HONRADO, E LIBERAL, EM CUJA CASA SE HOSPEDOU.

Ilha de Itaparica, alvas areias,
Alegres praias, frescas, deleitosas,
Ricos polvos, lagostas deliciosas,
Farta de Putas, rica de baleias.

As Putas tais, ou quais não são más preias,
Pícaras, ledas, brandas, carinhosas,
Para o jantar as carnes saborosas,
O pescado excelente para as ceias.

O melão de ouro, a fresca melancia,
Que vem no tempo, em que aos mortais abrasa
O sol inquisidor de tanto oiteiro.

A costa, que o imita na ardentia,
E sobretudo a rica, e nobre casa
Do nosso capitão Luís Carneiro.

Ausente por uns dias o Poeta, e posto na Ilha Grande por certas diferenças, que teve com André Barboza, escreve aos amigos suas saudades.

Que vai por lá, Senhores Cajaíbas,
Vocês se levam vida regalada,
com arraia chata, a curimá ovada,
Que lhes forma em dous lados quatro gibas.

Eu nesta Ilha inveja das Maldibas
Estou passando a vida descansada,
Como o bom peixe, a fruita sazonada
À vista de um amor sangue de cibas.*

Vocês têm sempre à vista São Francisco
Povo ilustre, metrópole dos montes,
A cuja vista tudo o mais é cisco.

Eu não tenho, que olhar mais que horizontes,
Mas se há de olhar-me lá um basalisco,
Melhor é ver daqui a Ilha das fontes.

---

*Alimento, em particular aves. (*N. do E.*)

Ordenava-se em Marapé o batizamento de uma filha de Balthezar Vanique Olandez e vieram à função vários estrangeiros com uma pipa de vinho, e malogrou-se a festa pela muita chuva, que houve.

Vieram os Flamengos, e o Padrinho
A batizar a Filha do Brichote*,
E houve em Marapé grande risote
De vê-los vir com botas num barquinho.

Porque não sendo as botas de caminho,
Corriam pela praia a todo o trote;
Foi ali hospedado o Dom Bribote
Como convinha não, como com vinho.

Choveu tanto ao domingo em tal maneira,
Que cada qual Monsiur indo uma brasa,
Ficou aguado o gosto, e o vinho aguado.

Porque não quer a Virgem da Oliveira,
Que lhe entrasse pagão na sua Casa
Vinho, que nunca fora batizado.

---
*Ver nota da página 57. (*N. do E.*)

Celebra a grande algazarra que fizeram na
festa os estrangeiros brindando a Quitota*
menina batizada, sendo no tempo da peste.

Se a morte anda de ronda, a vida trota,
Aproveite-se o tempo, e ferva o Baco,
Haja galhofa, e tome-se tabaco,
Venha rodando a pipa, e ande a bota.

Brinde-se a cada triques à Quitota,
Té que a puro brindar se ateste o saco,
E faça-lhe a razão pelo seu caco
Dom Fragaton do Rhin compatriota.

Ande o licor por mão, funda-se a serra,
Esgote-se o tonel, molem-se os rengos.
Toca tará-tará, que o vento berra.

Isto diz, que passou entre Flamengos,
Quando veio tanta água sobre a terra,
Como vinho inundou sobre os Podengos.

---

*Diminutivo de quita, pessoas de baixa estatura. (*N. do E.*)

DESEMPULHA-SE O POETA DA CANALHA PERSEGUIDORA CONTRA OS HOMENS SÁBIOS, CATANDO BENEVOLÊNCIA AOS NOBRES.

Que me quer o Brasil, que me persegue?
Que me querem pasguate*, que me invejam?**
Não veem, que os entendidos me cortejam,
E que os Nobres, é gente que me segue?

Com o seu ódio a canalha, que consegue?
Com sua inveja os néscios que motejam?
Se quando os néscios por meu mal mourejam,
Fazem os sábios, que a meu mal me entregue.

Isto posto, ignorantes, e canalha
Se ficam por canalha, e ignorantes
No rol das bestas a roerem palha.

E se os senhores nobres, e elegantes
Não querem que o soneto vá de valha,
Não vá, que tem terríveis consoantes.

---

*Ver nota p. 59.
**Ver nota p. 133.

PREZO FINALMENTE O NOSSO POETA PELOS MOTIVOS QUE JÁ DISSEMOS EM SUA VIDA, E CONDENADO A IR DEGREDADO PARA ANGOLA, POR ORDEM DE D. JOÃO D'ALENCASTRE* GOVERNADOR ENTÃO DESTE ESTADO: PONDERA, QUÃO ADVERSO É O BRASIL SUA INGRATA PÁTRIA AOS HOMENS BENEMÉRITOS; E COM DEAFOGO DE HOMEM FORTE GRACEJA UM POUCO AS MULATAS MERETRIZES.

Não sei, para que é nascer
neste Brasil empestado
um homem branco, e honrado
sem outra raça.

Terra tão grosseira, e crassa,
que a ninguém se tem respeito,
salvo quem mostra algum jeito
de ser Mulato.

Aqui o cão arranha o gato,
não por ser mais valentão,
mas porque sempre a um cão
outros acodem.

Os Brancos aqui não podem
mais que sofrer, e calar,
e se um negro vão matar,
chovem despesas.

---

*Governador e capitão-general do Brasil de 1694 a 1702. (*N. do E.*)

Não lhe valem as defesas
do atrevimento de um cão,
porque acode a Relação*
sempre faminta.

Logo a fazenda, e a quinta
vai com tudo o mais à praça,
onde se vende de graça,
ou fiado.

Que aguardas, homem honrado,
vendo tantas sem-razões,
que não vás para as nações
de Berberia.

Porque lá se te faria
com essa barbaridade
mais razão, e mais verdade,
que aqui fazem.

Porque esperas, que te engrazem,
e esgotem os cabedais,
os que tens por naturais,
sendo estrangeiros!

Ao cheiro dos teus dinheiros
vêm com cabedal tão fraco,
que tudo cabe num saco,
que anda às costas.

---

*Tribunal da Relação, estabelecido no Brasil em 1609. (*N. do E.*)

Os pés são duas lagostas
de andar montes, passar vaus,
as mãos são dois bacalhaus
já bem ardidos.

Sendo dous anos corridos,
na loja estão recostados
mais doces, e enfidalgados,
que os mesmos Godos.

A mim me faltam apodos,
com que apodar estes tais
maganos de três canais
até a ponta.

Há outros de pior conta,
que entre estes, e entre aqueles
veem cheios de PP, e LL
atrás do ombro.

De nada disto me assombro
pois bota aqui o Senhor
outros de marca maior
gualde*, e tostada.

Perguntai à gente honrada,
por que causa se desterra;
diz, que tem, quem lá na terra
lhe queima o sangue.

---

*Gualdo, amarelo vivo. (*N. do E.*)

Vem viver ao pé de um mangue,
e já vos veda o mangal,
porque tem mais cabedal,
que Porto Rico.

Se algum vem de agudo bico,
lá vão prendê-lo ao sertão,
e ei-lo bugio em grilhão
entre os galfarros.

A terra é para os bizarros,
que vêm da sua terrinha
com mais gorda camisinha,
que um traquete.

Que me dizeis do clerguete,
que mandaram degradado
por dar o óleo sagrado
à sua Puta.

E a velhaca dissoluta
destra em todo o artifício
fez co óleo um malefício
ao mesmo Zote.

Folgo de ver tanto asnote,
que com seus risonhos lábios
andam zombando dos sábios
e entendidos.

E porque são aplaudidos
de outros da sua facção,
se fazem co'a discrição
como com terra.

E dizendo ferra ferra,
quando vão a pôr o pé,
conhecem, que em boa fé
são uns asninhos.

Porque com quatro ditinhos
de conceitos estudados
não podem ser graduados
nas ciências.

Então suas negligências
os vão conhecendo ali,
porque de si para si
ninguém se engana.

Mas em vindo outra semana,
já caem no pecado velho,
e presumem dar conselho
a um Catão.

Aqui frisava o Frisão,
que foi o Heresiarca,
porque mais da sua alparca
o aprenderam.

As Mulatas me esqueceram,
a quem com veneração
darei o meu beliscão
pelo amoroso.

Geralmente é mui custoso
o conchego das Mulatas,
que se foram mais baratas,
não há mais Flandes.

As que presumem de grandes,
porque têm casa, e são forras
têm, e chamam de cachorras
às mais do trato.

Angelinha do Sapato,
valeria um pino de Ouro,
porém tem o cagadouro
muito abaixo.

Traz o amigo cabisbaixo
com muitas aleivosias,
sendo, que às Ave-Marias
lhe fecha a porta.

Mas isso porém que importa
se ao fechar se põe já nua,
e sobre o plantar na rua
ainda a veste.

Fica dentro, quem a investe,
e o de fora suspirando
lhe grita de quando em quando
ora isto basta.

Há gente de tão má casta,
e de tão ruim catadura,
que até esta cornadura
bebe, e verte.

Todos Agrela converte,
porque se com tão ruim puta
a alma há de ser dissoluta,
antes mui Santa.

Quem encontra ossada tanta
nos beiços de uma caveira,
vai fugindo de carreira,
e a Deus busca.

Em uma cova se ofusca,
como eu estou ofuscado,
chorando o magro pecado,
que fiz com ela.

É mui semelhante a Agrela
a Mingota do Negreiros,
que me mamou os dinheiros,
o pôs-me à orça.

A Mangá com ser de alcorça
dá-se a um Pardo vaganau,*
que a cunha do mesmo pau
melhor atocha.

À Mariana da Rocha,
por outro nome a Pelica,
nenhum homem já dedica
a sua prata.

Não há no Brasil Mulata
que valha um recado só.
Mas Joana Picaró
o Brasil todo.

---

*Vadio. (*N. do E.*)

Se em gostos não me acomodo
das mais, não haja disputa,
cada um gabe a sua puta,
e haja sossego.

Porque eu calo o meu emprego
e o fiz com toda atenção,
porque tal veneração
se lhe devia.

Fica-te em boa, Bahia,
que eu me vou por esse mundo
cortando pelo mar fundo
numa barquinha.

Porque inda que és pátria minha,
sou segundo Cipião,
que com dobrada razão
a minha ideia
te diz "non possedebis ossa mea".

Embarcado já o Poeta para o seu degredo, e postos os olhos na sua ingrata pátria lhe canta desde o mar as despedidas.

Adeus praia, adeus Cidade,
e agora me deverás,
Velhaca, dar eu adeus,
a quem devo ao demo dar.
Que agora, que me devas
dar-te adeus, como quem cai,
sendo que estás tão caída,
que nem Deus te quererá.
Adeus Povo, adeus Bahia,
digo, Canalha infernal,
e não falo na nobreza
tábula, em que se não dá,
Porque o nobre enfim é nobre,
quem honra tem, honra dá,
pícaros dão picardias,
e inda lhes fica, que dar.
E tu, Cidade, és tão vil,
que o que em ti quiser campar,
não tem mais do que meter-se
a magano, e campará.
Seja ladrão descoberto
qual águia imperial,
tenha na unha o rapante,
e na vista o perspicaz.
A uns compre, a outros venda,
que eu lhe seguro o medrar,
seja velhaco notório,
e tramoeiro fatal.

Compre tudo, e pague nada,
deva aqui, deva acolá
perca o pejo, e a vergonha,
e se casar, case mal.
Com branca não, que é pobreza,
trate de se mascavar;
vendo-se já mascavado,
arrime-se a um bom solar.
Porfiar em ser fidalgo,
que com tanto se achará;
se tiver mulher formosa,
gabe-se por esses poiais.*
De virtuosa talvez,
e de entendida outro tal,
introduza-se ao burlesco
nas casas, onde se achar.
Que há Donzela de belisco,
que aos punhos se gastará,
trate-lhes um galanteio,
e um frete, que é principal.
Arrime-se a um poderoso,
que lhe alimente o gargaz,
que há pagadores na terra,
tão duros como no mar.
A estes faça alguns mandados
a título de agradar,
e conserve-se o afetuoso,
confessando o desigual.
Intime-lhe a fidalguia,
que eu creio, que crerá,
porque fique ela por ela,

---

*Assento de pedra, na entrada de uma casa. (*N. do E.*)

quando lhe ouvir outro tal.
Vá visitar os amigos
no engenho de cada qual,
e comendo-os por um pé,
nunca tire o pé de lá.
Que os Brasileiros são bestas,
e estarão a trabalhar
toda a vida por manter
maganos de Portugal.
Como se vir homem rico,
tenha cuidado em guardar,
que aqui honram os mofinos,
e mofam dos liberais.
No Brasil a fidalguia
no bom sangue nunca está,
nem no bom procedimento,
pois logo em que pode estar?
Consiste em muito dinheiro,
e consiste em o guardar,
cada um o guarde bem,
para ter que gastar mal.
Consiste em dá-lo a maganos,
que o saibam lisonjear,
dizendo, que é descendente
da casa do Vila Real.
Se guardar o seu dinheiro,
onde quiser, casará:
os sogros não querem homens,
querem caixas de guardar.
Não coma o Genro, nem vista
que esse é genro universal;
todos o querem por genro,
genro de todos será.

Oh assolada veja eu
Cidade tão suja, e tal,
avesso de todo o mundo,
só direita em se entortar.
Terra, que não parece
neste mapa universal
com outra, ou são ruins todas,
ou ela somente é má.

Descreve o Poeta a cidade do Recife em Pernambuco.

Por entre o Beberibe, e o Oceano
Em uma areia sáfia, e lagadiça
Jaz o Recife povoação mestiça,
Que o Belga edificou ímpio tirano.

O Povo é pouco, e muito pouco urbano,
Que vive à mercê de uma linguiça,
Unha-de-velha insípida enfermiça,
E camarões de charco em todo o ano.

As Damas cortesãs, e por rasgadas
Olhas podridas, são, e pestilências,
Elas com purgações, nunca purgadas.

Mas a culpa têm vossas reverências,
Pois as trazem rompidas, e escaladas
Com cordões, com bentinhos, e indulgências.

DESCREVE A PROCISSÃO DE QUARTA-FEIRA DE
CINZA EM PERNAMBUCO.

Um negro magro em sufilié mui justo,
Dous azorragues de um Joá pendentes,
Barbado o Peres, mais dous penitentes,
Com asas seis crianças sem mais custo.

De vermelho o Mulato mais robusto,
Três meninos Fradinhos inocentes,
Dez, ou doze Brichotes* mui agentes,
Vinte, ou trinta canelas de ombro onusto.

Sem débita reverência seis andores,
Um pendão de algodão tinto em tejuco,
Em fileira dez pares de Menores:

Atrás um negro, um cego, um Mamaluco,
Três lotes de rapazes gritadores,
É a Procissão de cinza em Pernambuco.

---
*Ver nota p. 57.

Viu o Poeta esta formosura, e desta sorte começa a encarecer suas altas prendas.

Peregrina Florência Portuguesa,
Se em venda vos puser o Deus vendado,
Pouco estima o seu gosto, e seu cuidado,
Quem, Florência, por vós não der Veneza.

Eu entre a formosura, e a riqueza
De um, e outro domínio dilatado,
Não desejara estado por estado,
Mas trocara beleza por beleza.

Só, Florência, por vossa flor tão pura
Um reino inteiro, não uma cidade
Deve dar, quem saber amar procura.

Em vós do mundo admiro a majestade,
Quanto é mais que a grandeza a formosura,
Menos a monarquia, que a deidade.

Ouvindo o Poeta cantar no mesmo convento a
Dona Maria freira de véu branco a quem
tocava rabecão sua irmã Dona Branca,
Dona Clara outro instrumento.

1 Clara sim, mas breve esfera
   ostenta em purpúreas horas
   as mais breves três auroras,
   que undoso o Tejo venera:
   tantos raios reverbera
   cada qual, quando amanhece,
   nas almas, a que aparece,
   que não foi muito esta vez,
   que sendo as auroras três,
   pela tarde amanhecesse.

2 Clara na brancura rara,
   e de candidezes rica,
   com ser Freira Dominica,
   a julguei por Freira Clara:
   tanta flor à flor da cara
   dada em tão várias maneiras,
   que entre as cinzas derradeiras
   jurou certa Mariposa
   as mais por Freiras da Rosa,
   Clara por rosa das Freiras.

3 Branca, se por vários modos
   airosa o arco conspira,
   inda que a todos atira,
   é Branca o branco de todos:

mas deixando outros apodos
dignos de tanto esplendor,
vibrando o arco em rigor
parece em traje fingido
Vênus, que enfim a Cupido
atirar setas de amor.

4 Maria a imitação
por seu capricho escolheu
ser Freira branca no véu,
já que as mais no nome o são:
e em tão cândida união
co'as duas Irmãs se enlaça,
que jurada então por Graça,
chove-lhe a graça em maneira,
que sendo a Graça terceira,
não é terceira na graça.

5 Entoando logo um solo
em consonância jucunda
prima, terceira, e segunda
a lira formam de Apolo:
vaguei um, e outro Polo,
mas foi diligência vã,
porque a cara mais louçã
cotejando-a nas brancuras
co'as três Irmãs formosuras,
não vi formosura irmã.

6 Vendo tão novos primores
para um retrato adorar-vos,
trataram de retratar-vos
estes meus versos pintores:

e metendo já de cores
essas vossas luzes puras
em três métricas pinturas,
ficam de muito emendados
meus versos os retratados,
e não vossas formosuras.

Nicolau de tal provedor da Casa da Moeda em Lisboa, que sendo bem visto d'El-rei Dom Pedro ii* encontrava os requerimentos do Poeta: o qual enfadado das suas demasias lhe sacodiu o caxeiro desta sátira.

Marinículas** todos os dias
O vejo na sege passar por aqui
Cavalheiro de tão lindas partes
Como verbi gratia*** Londres, e Paris.

Mais fidalgo que as mesmas estrelas,
Que às doze do dia viu sempre luzir,
Porque o Pai, por não sei que desastre,
Tudo, o que comia, vinha pelo giz.

Peneirando-lhe os seus avolórios
É tal a farinha do Ninfo gentil,
Que por machos é sangue Tudesco,
Porém pelas fêmeas humor meretriz.

Um Avô, que rodou esta Corte
Num coche de a quatro de um D. Bleaniz,
Sobre mulas, foi tão atrativo,
Que os senhores todos trouxe após de si.

Foi um grande verdugo de bestas,
Que com um azorrague, e dous borzeguins
Ao compás dos maus passos, que dava,
Lhes ia cantando a lá sol fá mi.

---
*Rei de Portugal de 1668 a 1706. (N do E.)
**Efeminado ou aquele que ascendeu socialmente de modo desonesto. (N. do E.)
***Do latim, "por exemplo". (N. do E.)

Marinículas era muchacho
Tão grão rabaceiro* de escumas de rim,
Que jamais para as toucas olhava,
Por achar nas calças melhor fraldelim.

Sendo já sumilher de cortina
De um sastre de barbas saiu aprendiz,
Dado só às lições de canudo
Rapante da espécie de pica viril.

Cabrestilhos tecendo em arame
Tão pouco lucrava no pátrio País,
Que se foi, dando velas ao vento,
Ao reino dos servos, não mais que a servir.

Lá me dizem, que fez carambola
Com certo Cupido, que fora daqui
Empurrado por umas Sodomas
No ano de tantos em cima de mil.

Por sinal, que no sítio nefando
Lhe pôs a ramela no olho servil
Um travesso, porque de caveira
A seus cus servisse aquele âmbar gris.

Mordeduras de perro raivoso
Com pelo se cria do mesmo mastim,
E aos mordidos do rabo não pode
O sumo do rabo de cura servir.

Tanto enfim semeou pela terra,
Que havendo colhido bastante quatrim,
Resolvendo-se a ser Piratanda,
Cruzou o salobre, partiu o Zenith.

---
*Homossexual. (*N. do E.*)

Avistando este nosso hemisfério
Colou pela barra em um bergantim,
Pôs em terra os maiores joanetes,
Que viram meus olhos depois que nasci.

Pertendendo com recancanilhas
Roubar as guaritas de um salto sutil
Embolsava com alma de gato
A risco do sape dinheiro do mis.

Senão quando na horta do Duque,
Andando de ronda um certo malsim,
Estremando-lhe um cão pexilingre
O demo do gato deitou o ceitil.

Maniículas vendo-se entonces
De todo expulgado sem maravedim,
Alugava rapazes ao povo,
Por ter de caminho, de quem se servir.

Exercendo-os em jogos de mãos
Tão lestos andavam do destro Arlequim
Que se não lhes tirara a peçonha,
Ganhara com eles dous mil potosis.*

A tendeiro se pôs de punhetas,
E na tabuleta mandou esculpir
Dous cachopos, e a letra dizia
Los ordeñadores se alquilan aqui.**

Tem por mestre do terço fanchono
Um pajem de lança, que Marcos se diz,

---
*Fortuna, riqueza. (*N. do E.*)
**Em espanhol, "Os ordenadores se alugam aqui." (*N. do E.*)

Que se ao rabo por casa anda dele,
O traz pelas ruas ao rabo de si.

Uma tarde, em que o Perro celeste
Do sol acossado se pôs a latir,
Marinícula estava com Marcos
Limpando-lhe os moncos de certo nariz.

Mas sentindo ruído na porta,
Adonde batia um Gorra civil,
Um, e outro se pôs de fugida
Temiendo los dientes de algum Javali.

Era pois o Baeta travesso,
Que se um pouco dantes aportara ali,
Como sabe latim o Baeta,
Pudiera cogerlos en un mal Latim.

Ao depois dando dele uma força
Às alcoviteiras do nosso confim,
Lhe valei no sagrado da Igreja
O nó indissolúvel de um rico Mongil.

Empossado da simples consorte
Cresceu de maneira naqueles chapins,
Que inda hoje dá graças infindas
Aos falsos informes de quis quid vel qui*

Não obstante pagar de vazio**
O santo Himeneu o pícaro vil,
Se regala a ufa do sogro
Comendo, e bebendo como um Muchachim.

---

*Do latim, "quem, o quê ou como". (*N. do E.*)
**Não contribuir na festa nupcial. (*N. do E.*)

Com chamar-se prudente com todos,
Que muitos babosos o têm para si,
Ele certo é o meu desenfado,
Que um tolo prudente dá muito que rir.

É dotado de um entendimento
Tão vivo, e esperto, que fora um Beliz,
Se lhe houvera o juízo ilustrado
Um dedo de Grego, com dous de Latim.

Entre gabos o triste idiota
Tão pago se mostra dos seus gorgutiz,
Que nascendo sendeiro de gema,
Quer à fina força meter-se a rocim.

Deu agora em famoso arbitrista,
E quer por arbítrios o bruto Malsim,
Que o vejamos subir à excelência,
Como diz, que vimos Montalvão subir.

Sendo pois o alterar da moeda
o assopro, o arbítrio, o ponto, e o ardil,
De justiça (a meu ver) se lhe devem
as honras, que teve Ferraz, e Soliz.

Deem com ele no alto da forca,
Adonde o Fidalgo terá para si,
Que é o mais estirado de quantos
Beberam no Douro*, mijaram no Rhim.**

---

*Rio que separa Portugal e Espanha. (*N. do E.*)
**Rio Reno. (*N. do E.*)

Seu intento é bater a moeda,
Correrem-lhe gages, e ser Mandarim,
Porque andando a moeda na forja
Se ri de Cuama, de Scena, e de Ofir.

Sempre foi da moeda privado,
Mas vendo-me agora Senhor, e Juiz,
Condenando em portais a moeda
Abriu às unhadas porta para si.

Muito mais lhe rendeu cada palmo
Daquela portada, que dous potosis.
Muito mais lhe valeu cada pedra,
Que vale um ochavo* de Valladolid.

Pés de pugas com topes de seda,
Cabelos de cabra em pós de marfim,
Pés, e pugas de rir o motivo,
Cabelos, e topes motivos de rir.

Uma Tia, que abaixo do muro
Lanções esquarteja, me dizem, que diz,
Sua Alteza (sem ver meu Sobrinho)
A nada responde de não, ou de sim.

Pois a Prima da Rua do Saco
Tão bem se reputa de todos ali,
Que a furaram como valadouro
Para garavato de certo candil.

---

*Moeda de cobre cunhada até o século XIX. (*N. do E.*)

Outras Tias me dizem, que tinha
Tão fortes galegas, e tão varonis,
Que sobre elas foi muita mais gente
Que sobre as Espanhas no tempo do Cid.

Catarina conigibus era
Uma das Avós da parte viril,
Donde vem conicharem-se todos
As conigibundas do tal generiz.

Despachou-se com hábito, e tença
por grandes serviços, que fez ao sofi,*
em matar nos fiéis Portugueses
De puro enfadonho três, ou quatro mil.

E porque de mecânica tanta
Não foi dispensado, tenho para mim,
Que em usar da mecânica falsa
Se soube livrar da mecânica vil.

É possível que calce tão alto
A baixa vileza de um sujo escarpim,
Para o qual não é água bastante
A grossa corrente do Guadalquebir?**

Marinículas é finalmente
Sujeito de prendas de tanto matiz,
Que está hoje batendo moeda,
Sendo ainda ontem um vilão ruim.

---

*Nome antigo do rei da Pérsia. (*N. do E.*)
**Rio da Espanha. (*N. do E.*)

Índice de poemas

Descreve o que era realmente naquele tempo a cidade
da Bahia de mais enredada por menos confusa. — 11

Queixas da sua mesma verdade. — 12

Torna a definir o Poeta os maus modos de obrar na
governança da Bahia, principalmente naquela
universal fome, que padecia a cidade. — 14

Ao menino Jesus de N. Senhora das Maravilhas, a quem
infiéis despedaçaram achando-se a parte do peito. — 17

Ao braço do mesmo menino Jesus quando apareceu. — 18

A N. Senhor Jesus Cristo com actos de arrependido e
suspiros de amor. — 19

A Cristo S. N. crucificado estando o Poeta na
última hora de sua vida. — 20

Ao mesmo assunto e na mesma ocasião. — 21

Afirma que a Fortuna, e o fado não é outra
cousa mais que a Providência Divina. — 22

No sermão que pregou na Madre de Deus D. João Franco
de Oliveira pondera o Poeta a fragilidade humana. — 23

Continua o Poeta com este admirável a quarta-feira
de cinzas. — 24

Considera o Poeta antes de confessar-se na estreita
conta, e vida relaxada. — 25

Ao dia do juízo.	28
A Conceição Imaculada de Maria Santíssima.	29
A Conceição Imaculada de Maria Santíssima.	30
Ao mesmo assunto.	31
As lágrimas que se diz, chorou N. Senhora de Monsarrate.	33
Sentimentos d'El-rei D. Pedro II à morte desta sereníssima senhora sua filha primogênita.	34
Ao Conde de Ericeyra D. Luiz de Menezes pedindo louvores ao Poeta não lhe achando ele préstimo algum.	35
Subtileza com que o Poeta satiriza a este governador.	36
A seu filho o Conde o Prado, de quem era o Poeta bem visto, estando retirado na Praia grande, lhe dá conta dos motivos, que teve para se retirar da Cidade, e as glórias, que participa no retiro.	39
A morte deste Conde sucedida no mar quando se retirava para Lisboa.	44
Aos capitulares do seu tempo.	45
Pondera estando homiziado no carmo quão gloriosa é a paz da religião.	46
Aos missionários, a quem o arcebispo D. Fr. João da Madre de Deus recomendava muito as vias sacras, que enchendo a cidade de cruzes chamavam do púlpito as pessoas por seus nomes, repreendendo, a quem faltava.	49
Ao mesmo com presunções de sábio, e ingenhoso.	50
Aos mesmos padres hóspedes entre os quais vinha o Pe. Perico, que era pequenino.	51

Ao Capitão Bento Rabello morador na Vila de S. Francisco amigo do Poeta, que por estar totalmente divertido com o jogo o não foi visitar; ele o admoesta, a que largue o jogo, e vá para a Cajaíba.   52

Ao mesmo Capitão sendo achado com uma grossíssima negra.   54

Ao mesmo por suas altas prendas.   56

Pondo os olhos primeiramente na sua cidade conhece, que os mercadores são o primeiro móvel da ruína, em que arde pelas mercadorias inúteis, e enganosas.   57

Descreve com mais individuação a fidúcia, com que os estranhos sobem a arruinar sua República.   58

Julga prudente e discretamente aos mesmos por culpados em uma geral fome que houve nesta cidade pelo desgoverno da República, como estranhos nela.   64

Queixa-se o Poeta em que o mundo vai errado, e querendo emendá-lo o tem por empresa dificultosa.   67

Expõe esta doutrina com miudeza, e entendimento claro, e se resolve a seguir seu antigo dictame.   68

Sacode a outros, que pecavam na presunção, e atrevimento indigno.   72

Defende o Poeta por seguro, necessário, e recto seu primeiro intento sobre satirizar os vícios.   76

Em tempo que governava esta cidade da Bahia o Marquês das Minas ajuiza o Poeta com subtileza de homem sagaz, e entendido o fogo selvagem, que por meio da urbanidade se introduziu em certa casa.   79

Contemplando nas cousas do mundo desde o seu retiro, lhe atira com o seu apage, como quem a nado escapou da tromenta. 82

Viu uma manhã de Natal as três irmãs, a cujas vistas fez as seguintes décimas. 83

Ao mesmo assunto. 85

Pondera agora com mais atenção a formosura de D. Ângela. 86

Rompe o Poeta com a primeira impaciência querendo declarar-se e temendo perder por ousado. 87

Segunda impaciência do Poeta. 88

Pertende agora persuadir a um ribeirinho a que não corra, temendo, que se perca: que é mui próprio de um louco enamorado querer que todos sigam o seu capricho, e resolve a cobiçar-lhe a liberdade. 89

Solitário em seu mesmo quarto a vista da luz do candeeiro porfia o Poeta pensamentear exemplos de seu amor na barboleta. 90

Ao Rio de Caípe recorre queixoso o Poeta de que sua senhora admite por esposo outro sujeito. 91

Vagava o Poeta por aqueles retiros filosofando em sua desdita sem poder desapegar as harpias de seu justo sentimento. 92

Ao pé daquele penhasco lacrimoso que já dissemos pertende moderar seu sentimento e resolve, que a soledade o não alivia. 93

Descreve a jocosidade, com que as Mulatas do Brasil bailam o Paturi. 94

Descreve a caçada que fizeram com ele seus amigos na Vila de S. Francisco a uma porca rebelde.	95
Lisonjeia outra vez impaciente a retenção de sua mesma desgraça, aconselhando a esposa neste regalado soneto.	101
Outra imagem não menos elegante da matéria antecedente.	102
Quis o Poeta embarcar-se para a cidade e antecipando a notícia à sua senhora, lhe viu umas derretidas mostras de sentimento em verdadeiras lágrimas de amor.	103
Eterniza o Poeta aquelas lágrimas com os primores excelentes do seu milagroso engenho.	104
Ao mesmo assunto e na mesma ocasião.	107
Casado já o Poeta, entra agora por razão de honestidade a mudar-lhe o nome nas obras seguintes. Lisonjeia-lhe o repouso em um dos primeiros dias do noivado no sitio de Marapé.	108
Contra outros satirizados de várias penas que o atribuiram ao Poeta, negando-lhe a capacidade de louvar.	109
Escandalizado o Poeta da sátira antecedente, e ser publicada em nome do Vigário de Passé Lourenço Ribeiro homem pardo, quando ele estava inocente da factura dela, e calava porque assim convinha: lhe assenta agora o Poeta o cacheiro com esta petulante sátira.	112
A certo homem presumido; que afectava fidalguias por enganosos meios.	116
Ao mesmo sujeito pelos mesmos atrevimento.	117
Aos principais da Bahia chamados os Caramurus.	118
Ao mesmo assunto.	119

Às religiosas que em uma festividade, que celebraram, lançaram a voar vários passarinhos.	120
A outra freira, que satirizando a delgada fisionomia do Poeta lhe chamou Pica-flor.	121
Loucuras que fazia este sujeito com um cavalo ruço, que lhe comprou o tio: e morte do mesmo cavalo.	122
Anna Maria era uma donzela nobre, e rica, que veio da Índia sendo solicitada dos melhores da terra para desposórios, emprendeu Fr. Tomás casá-la com o dito, e o conseguiu.	130
A vista do Amor, que teve o Poeta a esta Dama, como se colhe é a seguinte obra um testemunho da sua generosidade: pois lhe recusa os seus convites, aconselhando-a a sofrer seu esposo. Nem os seus galanteios foram com pessoa proibida.	131
Defende-se o bem que se perdeu na esperança pelos mesmos consoantes.	133
Tentado a viver na soledade se lhe representam as glórias de quem não viu, nem tratou a Corte.	134
Moraliza o Poeta seu desassossego na harmonia incauta de um passarinho, que chama sua morte a compassos de seu canto.	135
Moraliza o Poeta nos ocidentes do Sol a inconstância dos bens do mundo.	136
Queixa-se de que nunca faltem penas para a vida, faltando a vida para as mesmas penas.	137
No fluxo e refluxo da maré encontra o Poeta incentivo para recordar seus males.	138

A fugida que fez da cadeia Marianna com o favor do chanceler da relação deste estado, com quem ela tinha alguns desonestos divertimentos.   139

Sonho que teve com uma dama estando preso na cadeia.   141

Uma formosa mulata, a quem um sargento seu amásio arrojou aos valados de uma horta.   142

Disparates na língua brasílica a uma cunhã que ali galanteava por vício.   144

A peditório de uma dama que se viu desprezada de seu amante.   146

A Margarida, mulata pernambucana que chorava as esquivanças de seu amante com pretexto de lhe haver furtado uns corais.   147

Fala o Poeta com a filha.   149

Pintura admirável de uma beleza.   150

A uma dama que lhe pediu um craveiro.   151

Pertende agora (posto que em vão) desenganar aos sebastianistas, que aplicavam o dito cometa à vinda do Encoberto.   152

Na era de 1686 quimeriavam os sebastianistas a vinda do Encoberto por um cometa que apareceu. O Poeta pertende em vão desvanecê-los traduzindo um discurso do Pe. Antônio Vieira que se aplica a El-rei D. Pedro II.   153

Por ocasião do dito cometa refletindo o Poeta os movimentos que universalmente inquietavam o mundo naquela idade, o sacode geralmente com esta crise.   158

Necessidades forçosas da natureza humana.	164
A um livreiro que comeu um canteiro de alfaces.	165
Definição do Amor.	166
Admirável expressão de amor mandando-se-lhe perguntar, como passava.	173
Namorou-se do bom ar de uma criolinha chamada Cipriana, ou Supupema, e lhe faz o seguinte romance.	174
A Damásia que dava pressa a uma saia que se estava fazendo, para botar numa festa, dizendo ser sua sendo ela de sua Senhora.	176
A uma dama, a quem solicitando-a o Poeta, lhe pediu dinheiro, de que ele se desempulha.	178
Uma Mulata dama universal de quem já falamos, satiriza agora o Poeta o Fausto com que foi sepultada a maio.	180
Fazia o Poeta tais excessos por esta catona, que Tomás Pinto, e outros lhos estranharam, e ele os increpa nestas décimas de néscios no amor.	183
Repete o Poeta esta rogativa ouvindo-a em uma ocasião contar com a sua singular graça que tinha.	185
Chegando o Poeta à Vila de São Francisco descreve os divertimentos, que ali passava, e em que se entretinha.	187
A Francisco Ferreira, de quem o poeta se acompanhava naquele retiro, faltando-lhe um dia aprazado para certa viagem.	188
Ao mesmo e pelo mesmo caso, que chamava ao Poeta seu mestre na solfa, porque com ele cantava às vezes.	189
Engrandece o Poeta a Ilha de Gonçalo Dias onde várias vezes foi refugiado, e favorecido do mesmo senhorio.	190

Descreve a Ilha de Itaparica com sua aprazível fertilidade, e louva de caminho ao Capitão Luís Carneiro homem honrado, e liberal, em cuja casa se hospedou. 191

Ausente por uns dias o Poeta, e posto na Ilha Grande por certas diferenças, que teve com André Barboza, escreve aos amigos suas saudades. 192

Ordenava-se em Marapé o batizamento de uma filha de Balthezar Vanique Olandez e vieram à função vários estrangeiros com uma pipa de vinho, e malogrou-se a festa pela muita chuva, que houve. 193

Celebra a grande algazarra que fizeram na festa os estrangeiros brindando a quitota menina batizada, sendo no tempo da peste. 194

Desempulha-se o Poeta da canalha perseguidora contra os homens sábios, catando benevolência aos Nobre. 195

Prezo finalmente o nosso Poeta pelos motivos que já dissemos em sua vida, e condenado a ir degredado para Angola, por ordem de D. João D'Alencastre governador então deste estado: pondera, quão adverso é o Brasil sua ingrata pátria aos homens beneméritos; e com deafogo de homem forte graceja um pouco as Mulatas meretrizes. 196

Embarcado já o Poeta para o seu degredo, e postos os olhos na sua ingrata pátria lhe canta desde o mar as despedidas. 204

Descreve o Poeta a cidade do Recife em Pernambuco. 208

Descreve a procissão de quarta-feira de cinza em Pernambuco. 209

Viu o Poeta esta formosura, e desta sorte começa a encarecer suas altas prendas. 210

Ouvindo o Poeta cantar no mesmo convento a Dona Maria
freira de véu branco a quem tocava rabecão sua irmã
Dona Branca, Dona Clara outro instrumento. 211

Nicolau de tal provedor da Casa da Moeda em Lisboa,
que sendo bem visto d'E-rei Dom Pedro II encontrava os
requerimentos do Poeta: o qual enfadado das suas
demasias lhe sacodiu o caxeiro desta sátira. 214

Obras reunidas e algumas seletas de Gregório de Matos

Obras poéticas I. Organização de Vale Cabral. Rio de Janeiro: Tipografia Nacional, 1882.

Obras. Organização de Afrânio Peixoto. Rio de Janeiro: Academia Brasileira de Letras, 1923/1933. 6 v.

Obras completas. São Paulo: Cultura, 1943. 2 v.

Gregório de Matos. Organização de Segismundo Spina. São Paulo: Assunção, 1946.

Crônica do viver baiano seiscentista feita em verso pelo Doutor Gregório de Matos e Guerra. Organização de James Amado. Salvador: Janaína, 1968. 7 v.

Poemas escolhidos. Organização de José Miguel Wisnik. São Paulo: Cultrix, 1976. Edição revista, São Paulo: Companhia das Letras, 2010.

Gregório de Matos – Literatura Comentada. Organização de Antonio Dimas. São Paulo: Abril Educação, 1981. 2ª edição São Paulo: Nova Cultural, 1988.

Melhores poemas. Organização de Darcy Damasceno. São Paulo: Global, 1985. 8ª edição, 2006.

Escritos de Gregório de Matos. Organização de Higino Barros. Porto Alegre: L&PM, 1986.

Obra poética. Edição de James Amado, preparação e notas de Emanuel Araújo. 2ª edição Rio de Janeiro: Record, 1990. 2 v.

Gregório de Matos: sátira. Organização de Ângela Maria Dias. Rio de Janeiro: Agir, 1985. 5ª edição, 1997.

Se souberas falar também falaras: antologia poética. Organização de Gilberto Mendonça Teles. Lisboa: Imprensa Nacional/Casa da Moeda, 1989.

Antologia poética. Seleção de Walmir Ayala, apresentação de Leodegário A. de Azevedo Filho. Rio de Janeiro: Ediouro, 1991, 10ª edição, 2005. (Também pela Biblioteca Folha, São Paulo: Publifolha, 1997)

A poesia de Gregório de Matos. Organização de Segismundo Spina. São Paulo: Edusp, 1995.

Senhora dona Bahia: poesia satírica de Gregório de Matos. Organização de Cleise Furtado Mendes. Salvador: Edufba, 1996.

Senhora dona Bahia: poesia barroca. Porto Alegre: Mercado Aberto, 1998.

Poemas. Organização de Letícia Malard. Belo Horizonte: Autêntica, 1998.

25 poemas. Organização de Gilberto Xavier e Luiz Carlos Junqueira Maciel. Belo Horizonte: Itatiaia, 1998.

Antologia. Organização de Higino Barros. Porto Alegre: L&PM Pocket, 1999.

Edição crítica da obra poética de Gregório de Matos. Organização de Francisco Topa. Porto: Edição do autor, 1999. 4 v.

Um códice setecentista inédito de Gregório de Matos. Organização de Fernando da Rocha Peres e Silvia La Regina. Salvador: Edufba, 2000.

Sátiras y otras maledicencias. Organização de Gonzalo Aguilar e Juan Nicolás Terranova. Buenos Aires: Corregidor, 2001.

Crônica do viver baiano seiscentista: obra poética completa – códice James Amado. Organização de James Amado. 5ª edição, Rio de Janeiro: Record, 2010. 2 v.

Gregório de Matos e Guerra: poemas selecionados. Ilustrações de Sante Scaldaferri. Brasília: Confraria dos Bibliófilos do Brasil, 2010.

Bibliografia básica sobre Gregório de Matos

ARARIPE JÚNIOR. Gregório de Matos. *In*: _____. *Obra crítica*. Rio de Janeiro: Casa de Rui Barbosa, 1960. v. 2.

ARAÚJO, Ruy Magalhães de. *Pérolas recolhidas de Gregório de Matos*. Ed. refundida e comentada. Rio de Janeiro: Galo Branco, 2009.

ÁVILA, Affonso. *O lúdico e as projeções do mundo barroco*. São Paulo: Perspectiva, 1971.

_____. Poesia e protesto em Gregório de Matos. *In*: _____. *Minor*: livro de louvores. Belo Horizonte: Rona, 1996.

_____. El poeta es un jugador. *In*: MATOS, Gregório de. *Sátiras y otras maledicencias*. Buenos Aires: Corregidor, 2001.

AZEVEDO FILHO, Leodegário A. de. Edição crítica de Gregório de Matos. *In*: _____. *Ensaios de literatura brasileira*. Rio de Janeiro: H. P. Comunicação, 2007.

BANDEIRA, Manuel. *Apresentação da poesia brasileira*. São Paulo: Cosac Naify, 2009.

BARQUIN, Maria Del Carmen. *Gregório de Matos:* la época, el hombre, la obra. México: Robredo, 1946.

BOSI, Alfredo. Gregório de Matos. *In*: _____. *História concisa da literatura brasileira*. 33ª edição, São Paulo: Cultrix, 1994.

_____. Do antigo estado à máquina mercante. *In*: _____. *Dialética da colonização*. São Paulo: Companhia das Letras, 1992.

BUENO, Alexei. Barroco nos trópicos. *In*: _____. *Uma história da poesia brasileira*. Rio de Janeiro: G. Ermakoff, 2007.

CALMON, Pedro. A geração de Gregório de Matos. *In:* _____. *História da literatura baiana.* Salvador: Prefeitura Municipal, 1949.

_____. *A vida espantosa de Gregório de Matos.* Rio de Janeiro: José Olympio; Brasília: Instituto Nacional do Livro, 1983.

CAMPOS, Augusto de. Da América que existe: Gregório de Matos. *In:* _____. *Poesia, antipoesia, antropofagia.* São Paulo: Cortez e Moraes, 1978.

_____. Arte final para Gregório. *In:* _____. *O anticrítico.* São Paulo: Companhia das Letras, 1986.

_____. De la América que existe: Gregório de Matos. *In:* MATOS, Gregório de. *Sátiras y otras maledicencias.* Buenos Aires: Corregidor, 2001.

CAMPOS, Haroldo de. *A arte no horizonte do provável.* São Paulo: Perspectiva, 1972.

_____. *O sequestro do barroco na formação da literatura brasileira:* o caso Gregório de Matos. 2ª edição, Salvador: Fundação Casa de Jorge Amado, 1989.

_____. Prefácio. *In:* SPINA, Segismundo. *A poesia de Gregório de Matos.* São Paulo: Edusp, 1995.

_____. Gregório de Matos: originalidad e ideología. *In:* MATOS, Gregório de. *Sátiras y otras maledicencias.* Buenos Aires: Corregidor, 2001.

CARPEAUX, Otto Maria. Barroco. *In:* _____. *Pequena bibliografia crítica da literatura brasileira.* Rio de Janeiro: Ediouro, s/d.

CARVALHO, Ronald de. A escola baiana/Gregório de Matos. *In:* _____. *Pequena história da literatura brasileira.* Belo Horizonte: Itatiaia; Brasília: Instituto Nacional do Livro/ Fundação Nacional Pró-Memória, 1984.

CASTELLO, José Aderaldo. A época barroca. *In:* _____. *Manifestações literárias do período colonial.* São Paulo: Cultrix, 1962.

_____. Presença do barroco. *In:* _____. *A literatura brasileira:* origens e unidade. São Paulo: Edusp, 1999. v. 1.

CHAMIE, Mário. Gregório de Matos. *In*: _____. *A palavra inscrita*. Ribeirão Preto: Funpec, 2004.

CHOCIAY, Rogério. *Os metros do Boca: teoria do verso em Gregório de Matos*. São Paulo: Unesp, 1993.

COUTINHO, Afrânio. Matos, Gregório. *In*: COUTINHO, Afrânio; SOUSA, J. Galante de (Orgs.). *Enciclopédia de literatura brasileira*. Rio de Janeiro: Ministério da Educação/Fundação de Assistência ao Estudante, 1990. v. 2.

DAMASCENO, Darcy. *De Gregório a Cecília*. Organização de Antonio Carlos Secchin e Iracilda Damasceno. Rio de Janeiro: Galo Branco, 2007.

DIAS, Angela Maria. *O resgate da dissonância:* sátira e projeto literário brasileiro. Rio de Janeiro: Antares/Inelivro, 1981.

DIMAS, Antonio. Gregório de Matos Guerra ao português. *In*: SCHWARZ, Roberto (Org.). *Os pobres na literatura brasileira*. São Paulo: Brasiliense, 1983.

_____. Gregório de Matos: poesia y controvérsia. *In*: MATOS, Gregório de. *Sátiras y otras maledicencias*. Buenos Aires: Corregidor, 2001.

ESPÍNOLA, Adriano. *As artes de enganar:* um estudo das máscaras poéticas e biográficas de Gregório de Matos. Rio de Janeiro: Topbooks, 2000.

FAUSTINO, Mário. Gregório de Matos: barroco típico. *In*: _____. *De Anchieta aos concretos*. Organização de Maria Eugenia Boaventura. São Paulo: Companhia das Letras, 2003.

FREIXIEIRO, Fábio. A problemática de uma valorização de Gregório de Matos. *In*: _____. *Da razão à emoção II*. Rio de Janeiro: Tempo Brasileiro/Instituto Nacional do Livro, 1971.

GOMES, Eugênio. O gênio cômico de Gregório de Matos/Sobre três sonetos de Gregório de Matos. *In*: _____. *Visões e revisões*. Rio de Janeiro: Instituto Nacional do Livro, 1958.

GOMES, João Carlos Teixeira. *Gregório de Matos, o boca de brasa:* um estudo de plágio e criação intertextual. Petrópolis: Vozes, 1985.

GRIECO, Agrippino. Sátira. *In*: _____. *Evolução da poesia brasileira*. 3ª edição revista, Rio de Janeiro: José Olympio, 1947.

HANSEN, João Adolfo. *A sátira e o engenho:* Gregório de Matos e a Bahia do século XVII. São Paulo: Companhia das Letras/Secretaria do Estado da Cultura, 1989.

_____. Floretes agudos y gruesos garrotes. *In*: MATOS, Gregório de. *Sátiras y otras maledicencias*. Buenos Aires: Corregidor, 2001.

HOLANDA, Sérgio Buarque de. *Antologia dos poetas brasileiros da fase colonial*. Rio de Janeiro: Departamento de Imprensa Nacional, 1953. 2 v.

KOTHE, Flávio. Gregório de Matos: a gralha, a grelha, o grilo. *In*: _____. *O cânone colonial:* ensaio. Brasília: UnB, 1997.

LUCAS, Fábio. A hipótese Gregório de Matos e o barroco. *In*: _____. *Do barroco ao moderno:* vozes da literatura brasileira. São Paulo: Ática, 1989.

MARTINS, Wilson. O caso Gregório de Matos/Cultismo e conceitismo. *In*: _____. *História da inteligência brasileira*. 3ª edição, São Paulo: Cultrix/Edusp, 1978. v. 1.

_____. Gregório, o pitoresco. *In*: _____. *Pontos de vista:* crítica literária. São Paulo: T. A. Queiroz, 1994. v. 8.

_____. Canto gregoriano/Febre gregoriana. *In*: _____. *Pontos de vista:* crítica literária. São Paulo: T. A. Queiroz, 1996. v. 12.

_____. Edição crítica/As teses da tese. *In*: _____. *O ano literário*. Curitiba: Imprensa Oficial; Rio de Janeiro: Topbooks, 2005.

MERQUIOR, José Guilherme. O estilo de seiscentos: Vieira e Gregório de Matos. *In*: _____. *De Anchieta a Euclides:* breve história da literatura brasileira. 2ª edição, Rio de Janeiro: José Olympio, 1979.

MIRANDA, Ana. *Boca do inferno*. São Paulo: Companhia das Letras, 1989.

MIRANDA, José Américo. *Parnaso brasileiro de Januário da Cunha Barbosa:* prefácios e índices. Belo Horizonte: UFMG, 1999.

MOISÉS, Massaud. Gregório de Matos. *In:* _____. *História da literatura brasileira:* das origens ao romantismo. São Paulo: Cultrix, 2001. v. 1.

MOTTA, Arthur. O poeta representativo da nova raça: Gregório de Matos Guerra. *In:* _____. *História da literatura brasileira:* época de formação – séculos XVI e XVII. São Paulo: Cia. Editora Nacional, 1930.

NEJAR, Carlos. A eminência barroca, Gregório de Matos e Guerra. *In:* _____. *História da literatura brasileira:* da Carta de Caminha aos contemporâneos. São Paulo: LeYa; Rio de Janeiro: Fundação Biblioteca Nacional, 2011.

PAES, José Paulo. Um bacharel no purgatório. *In:* _____. *Mistério em casa.* São Paulo: Conselho Estadual de Cultura/Comissão de Literatura, 1961.

PEREIRA, Paulo Roberto (Org.). *Obras de Gregório de Matos na Biblioteca Nacional.* Rio de Janeiro: Fundação Biblioteca Nacional/Departamento Nacional do Livro, 1996.

PERES, Fernando da Rocha. *Gregório de Matos e Guerra:* uma re-visão biográfica. Salvador: Macunaíma, 1983.

_____. (Org.). *Gregório de Matos:* o poeta renasce a cada ano. Salvador: Fundação Casa de Jorge Amado/Centro de Estudos Baianos da UFBA, 2000.

_____. O poeta do Brasil colonial. *In*: GUERRA, Gregório de Matos e. *Poemas selecionados.* Ilustrações de Sante Scaldaferri. Brasília: Confraria dos Bibliófilos do Brasil, 2010.

PÓLVORA, Hélio. *Para conhecer melhor Gregório de Matos.* Rio de Janeiro: Bloch, 1974.

RAMOS, Péricles Eugênio da Silva. *Poesia barroca:* antologia. São Paulo: Melhoramentos, 1967.

_____. Poesia barroca. *In:* _____. *Do barroco ao modernismo:* estudos de poesia brasileira. 2ª ed. revista e aumentada, Rio de Janeiro: Livros Técnicos e Científicos, 1979.

_____. Barroco. *In*: MOISÉS, Massaud; PAES, José Paulo (Orgs.). *Pequeno dicionário de literatura brasileira.* 2ª edição revista e ampliada por Massaud Moisés, São Paulo: Cultrix, 1980.

ROMERO, Sílvio. Escola baiana: cronistas, oradores e poetas do século XVII. *In*: _____. *História da literatura brasileira*. Organização de Luiz Antonio Barreto. Rio de Janeiro: Imago; Aracaju: Universidade Federal de Sergipe, 2001. t. 1.

SÁFADY, Naief. Gregório de Matos. *In*: AMORA, Antonio Soares. *Panorama da poesia brasileira*: era luso-brasileira. Rio de Janeiro: Civilização Brasileira, 1959.

SALLES, Fritz Teixeira de. *Poesia e protesto em Gregório de Matos*. Belo Horizonte: Interlivros, 1975.

SPINA, Segismundo. Gregório de Matos. *In*: COUTINHO, Afrânio (Org.). *A literatura no Brasil*. 2ª edição, Rio de Janeiro: Sul Americana, 1968. v. 1.

_____. Matos, Gregório. In: MOISÉS, Massaud; PAES, José Paulo (Orgs.). *Pequeno dicionário de literatura brasileira*. 2ª edição revista e ampliada por Massaud Moisés, São Paulo: Cultrix, 1980.

STEGAGNO-PICCHIO, Luciana. Gregório de Matos. *In*: _____. *História da literatura brasileira*. 2ª ed. revista e ampliada, Rio de Janeiro: Nova Aguilar, 2004.

TEIXEIRA, Ivan. Gregório de Matos. *In*: _____ (Org.). *Roteiro da poesia brasileira*: raízes. São Paulo: Global, 2008.

TEIXEIRA, Maria de Lourdes. *Gregório de Matos*. São Paulo: Martins, 1972.

TIN, Emerson. *Antologia da poesia barroca brasileira*. São Paulo: Ibep, 2008.

TOPA, Francisco. *O mapa do labirinto*: inventário testemunhal da poesia atribuída a Gregório de Matos. Salvador: Secretaria da Cultura e Turismo; Rio de Janeiro: Imago, 2001. 2v.

VARNHAGEN, Francisco Adolfo de. Ensaio histórico sobre as letras no Brasil. *In*: _____ (Org.). *Florilégio da poesia brasileira*. Rio de Janeiro: Academia Brasileira de Letras, 1946. 3 v.

VERÍSSIMO, José. Gregório de Matos. *In*: _____. *História da literatura brasileira*. 7ª ed., Rio de Janeiro: Topbooks, 1998.

EDIÇÕES
BestBolso

Este livro foi composto na tipologia Minion Pro Regular,
em corpo 10,5/13, e impresso em papel off-set 56g/m² no Sistema
Cameron da Divisão Gráfica da Distribuidora Record.